O AMOR VENCEU

Adaptação teatral de **Renato Modesto**

Direção de Arte: Luiz Antonio Gasparetto
Projeto Gráfico: Fernando Capeto
Diagramação: Andreza Bernardes
Preparação: Patrícia Murari
Revisão: Juliana Rochetto Costa

1ª edição
1ª impressão — junho 2011
3.000 exemplares

Dados Internacionais de Catalogação na Publicação (CIP)
(Câmara Brasileira do Livro, SP, Brasil)

Modesto, Renato
Zibia Gasparetto no teatro : O amor venceu /adaptação Renato Modesto ; baseado no romance de Zibia Gasparetto ditado pelo espírito Lucius.
São Paulo : Centro de Estudos Vida & Consciência Editora.
(Coleção Zibia Gasparetto no teatro)

ISBN 978-85-7722-146-2

1. Obras psicografadas 2. Peças teatrais 3. Teatro espírita I. Gasparetto, Zibia. II. Lucius. III. Título. IV. Título: O amor venceu. V. Série.

10-10463 CDD-133.9

Índices para catálogo sistemático:
1. Teatro: Arte espírita: Espiritismo: Doutrina espírita 133.9

Publicação, distribuição, impressão e acabamento
CENTRO DE ESTUDOS VIDA & CONSCIÊNCIA EDITORA LTDA.

Rua Agostinho Gomes, 2.312
Ipiranga — CEP 04206-001
São Paulo — SP — Brasil
Fone / Fax: (11) 3577-3200 / 3577-3201
E-mail: grafica@vidaeconsciencia.com.br
Site: www.vidaeconsciencia.com.br

CARTA AO LEITOR

Depois de atuar em duas peças espíritas, *Seis autores à procura de um personagem* e *Laços eternos*, recebi da atriz e diretora Bárbara Bruno Goulart o convite de adaptar para o teatro o romance *O amor venceu*, de Zibia Gasparetto/espírito Lucius. Estávamos em 1995 e eu já admirava o trabalho mediúnico de Zibia através de romances como *O matuto, Esmeralda* e *Espinhos do tempo*. Quando soube que *O amor venceu* havia sido o primeiro romance psicografado pela autora em parceria com Lucius, em 1960, fiquei ainda mais animado e honrado com o convite de transportá-lo das páginas do romance para o palco.

Sempre considerei o teatro, mais do que simples entretenimento, um valioso veículo para a transmissão de ideias e conhecimentos, uma tribuna democrática aberta ao debate dos conceitos e valores que regem nossa vida diária. Considerei, naquele momento, que a temática de *O amor venceu* era perfeita para se tornar dramaturgia. O romance é muito edificante, repleto de emoção, e, de quebra, faz uma crítica aguda contra os preconceitos sociais e a opressão em todas as suas formas. Também possui uma narrativa envolvente, com muita aventura e ação, característica importante para prender a atenção do público e conduzi-lo aos questionamentos mais profundos da história.

Tive grande prazer em escrever a adaptação e, no ano seguinte, representar o papel de Pécos na montagem teatral desta romântica e bem urdida trama que, durante quinze anos, fez sucesso pelos teatros deste Brasil afora. *O amor venceu* marcou minha vida pessoal e profissional de forma inesquecível, e é com imensa alegria que acompanho a publicação da minha adaptação teatral em livro. Que a mensagem de fé, esperança e compaixão que permeia estas páginas frutifique no coração de todos os leitores.

Renato Modesto

ZIBIA GASPARETTO

Aprendi a ler aos quatro anos de idade e, aos oito, costumava passar horas sentada, escrevendo histórias. Com a chegada da adolescência, deixei esse comportamento de lado e só o retomei, na forma de psicografia, quando, anos depois, meu marido e eu passamos a estudar, uma vez por semana, os livros de Allan Kardec. Meu braço doía e a mão mexia contra minha vontade. Colocados papéis e lápis à minha frente, começava a escrever rapidamente.

Nós frequentávamos as sessões da Federação Espírita e eu participava como médium de incorporação, psicografando e, algumas vezes, utilizando o dom da xenoglossia (faculdade de falar ou escrever línguas desconhecidas). Nessa época, recebia contos, mensagens de orientação, histórias e, assim, os romances começaram a fluir.

Adotei o hábito de estudar o assunto desde então. Com essa prática, minha sensibilidade se abriu e comecei a perceber e a entender muitas coisas que antes não me eram possíveis. Apesar disso, para muitas coisas ainda não tenho respostas, por isso continuo esforçando-me, buscando compreensão.

Minha experiência e estudos fizeram-me perceber a importância de disciplinarmos o emocional, enfrentarmos os medos e tomarmos posse de nós mesmos para que energias alheias não nos envolvam.

Se conseguirmos isso e nos ligarmos aos espíritos evoluídos, a mediunidade será uma fonte de conhecimento, saúde e lucidez.

Estudar a vida espiritual abre as portas do futuro, derrotando a morte e mostrando que somos seres imortais.

LUCIUS

Esse amigo espiritual, que vem me inspirando em todos os romances, trabalhou sem revelar seu nome quando eu comecei a psicografar. Eu sentia sua presença, cheguei a vê-lo algumas vezes, mas nunca perguntei nada. Prefiro as manifestações espontâneas. Só quando terminei o livro *O amor venceu*, na última página, ele assinou: Lucius.

A respeito de sua trajetória só sei o que ele revelou no livro *O fio do destino*, em que relata duas encarnações na Terra: a mais antiga, como membro do parlamento inglês, e a outra, como escritor e juiz na França.

Para mim ele tem sido um mestre. Suas energias são prazerosas e, quando ele se aproxima, meu pensamento torna-se claro, lúcido. Sinto-me muito bem.

Nos primeiros tempos em que trabalhamos juntos, ele costumava andar comigo e, conforme o lugar e as cenas que eu presenciava, orientava-me, fazendo-me ir mais fundo nas observações. Depois de algum tempo, ele passou a vir apenas nos momentos de trabalho.

Aprendi muito, tanto com os conselhos quanto com as histórias que ele me passou.

Algumas pessoas me perguntam: "por que você?". Não sei por que ele me escolheu, mas sinto que os laços que nos unem são antigos e perdurarão pela eternidade.

RENATO MODESTO

Renato Modesto nasceu em 1967, na cidade de São Paulo. É autor, dramaturgo, escritor e roteirista. Ganhador de prêmios importantes como APCA (Associação Paulista dos Críticos de Arte), pela peça *O lobo de ray-ban,* em 1987, e pelo primeiro trabalho no Concurso de Dramaturgia do SESI - SP, em 1995, pela autoria da peça *É o fim do mundo*, Modesto é também corroteirista da Rede Globo, desde 1998, e já atuou em minisséries da Globo e do SBT.

Desde cedo teve seu contato com o espiritismo. Seu avô paterno, José Modesto, participou ativamente do movimento espírita de Uberaba (MG), na primeira metade do século XX, e dona Maria Modesto Cravo, uma das primas dele, foi fundadora e médium psicofônica do Sanatório Espírita da cidade.

Em seu trabalho, Renato sempre procurou contribuir para a difusão da mensagem espírita. Além de adaptar a peça *O amor venceu,* em 1996, ele atuou em mais duas peças espiritualistas adaptadas, entre elas *Laços eternos*, em 1993, com direção de Annamaria Dias.

Em 2003, Renato começou a trabalhar com psicografia. A princípio, o treinamento foi realizado partindo de pequenas mensagens, até que a sintonia mediúnica estivesse afinada. Em 2004, surgiu a primeira comunicação do espírito Amadeu, autor espiritual dotado de grande sabedoria e bondade. A parceria entre Renato e Amadeu já rendeu dois romances de temática espiritualista publicados pela editora Lúmen.

O AMOR VENCEU*

Essa linda história de amor é baseada nas leis reencarnacionistas, porque somente elas, traduzindo verdades vigorosas que os homens tentam negar a cada passo, podem explicar os mistérios em que a humanidade se debate há milênios, tentando compreender o passado através do estudo de outros povos e de outras civilizações.

No intuito de contribuir de alguma forma para a atual necessidade de divulgação das leis básicas que regem a vida terrena, Lucius voltou ao passado distante, buscando no arquivo da sua consciência milenar uma história real, extraída dos entrechoques constantes que outrora presenciou.

Como poderíamos explicar o segredo das civilizações mais antigas sem o auxílio das leis a que Lucius se refere? Como explicar o adiantamento do povo egípcio, cuja civilização existia milhares de anos antes da Era Cristã?

A história nos reporta ao ano 1200 a.C., em Tebas, magnífica cidade de guerreiros e luz, onde a púrpura dos faraós cinzelou, nos templos e castelos, magníficas construções arquitetônicas de pedra, tijolos, gesso, mármore e ouro.

A cidade regurgitava, festejando o regresso de Pécos. Geralmente, ao chegar a caravana, o Faraó dava uma grande festa em sua homenagem, e o povo assistia do pátio externo, recebendo trigo e vinho à vontade, tocando alaúdes e cítaras alegremente, improvisando danças, quando os efeitos do vinho se faziam sentir, e esperando pelas sobras do banquete do palácio.

Nesse ambiente, inicia-se a história de *O amor venceu*.

* Obra originalmente publicada em 1958. Foi o primeiro romance escrito por Zibia Gasparetto em parceria com Lucius e já vendeu mais de 500 mil cópias.

PERSONAGENS

Pécos

Nalim

Solimar

Jasar

Omar

Otias

Solias

Rabonat

Tilat

Osiat

Cortiah

Salil

Tarsa

Pitar

Sinat

Faraó de Tebas

Imperador da Assíria

Soldado assírio

Soldado tebano

Jubar (soldado assírio, espião dos tebanos)

Rebelde

Espírito do mestre de Jasar

Espírito da mãe de Omar

Lucius (voz off)

Imagens da peça

A peça estreou originalmente em agosto de 1995 e ainda continua em cartaz. Teve direção de Bárbara Bruno, e hoje Lucienne Cunha está à frente do espetáculo, com o seguinte elenco de estreia: Nelson Baskerville (Pécos), Letícia Scarpa (Nalim), Silvana Teixeira (Solimar), Bruno Giordano (Jasar), Ruthinéia de Moraes (Tarsa e Cortiah), Walter Breda (Solias), Monika Plöger (Otias), Roberto Arduim (Omar), Walter Cruz (Osiat), Jorge Cerruti (Tilat e Salil), Ricardo Perez (Faraó, Rabonat e Imperador), e elenco atual: Valdir Ramos (Pécos), Lucienne Cunha (Nalim), Sabrina Balsalôbre (Solimar), Alexandre Carlomagno (Jasar), Liz Nunes (Tarsa e Cortiah), Paulo Perez (Solias), Fernanda Mareze (Otias), Roberto Rocco (Omar), Rubens Moreira (Osiat), Clery Cunha (Tilat e Salil), Markinhos Moura (Faraó, Rabonat e Imperador). O espetáculo foi apresentado em várias cidades, como Belo Horizonte, Campo Grande, Brasília, Goiânia, Vitória, Florianópolis, Porto Alegre, Curitiba e mais de 25 cidades do Nordeste, com um público de mais de 1,5 milhão de espectadores e mais de 2 mil apresentações já realizadas.

FOTOS DE INGRID OLDENBURG

Cena 26 — Palácio de Pécos
Da esquerda para a direita:
Eduardo Sampaio (Solias), Valdir Ramos (Pécos) e Roberto Rocco (Omar).

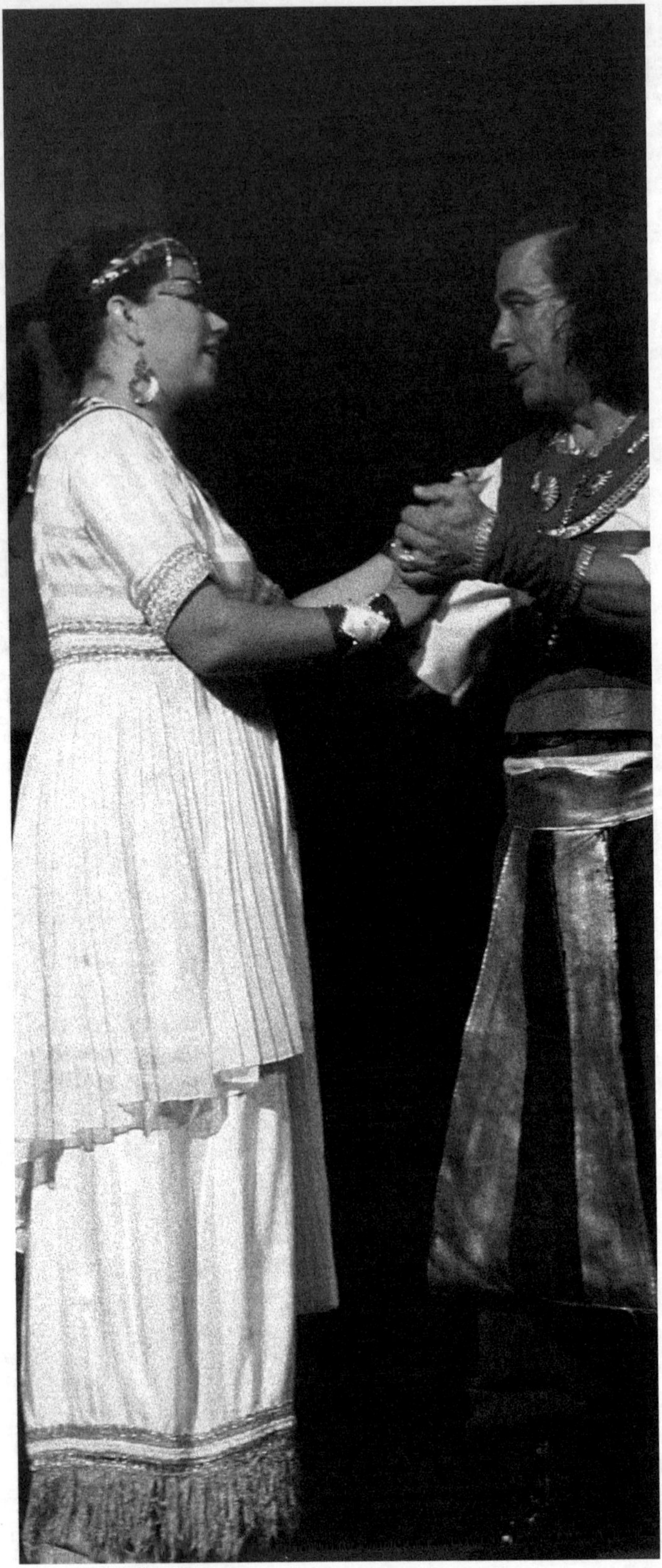

Cena 8 — Palácio de Pécos
Da esquerda para a direita:
Cris Marques (Otias) e Valdir Ramos (Pécos).

Cena 19 — Prisão
Da esquerda para a direita:
Clóvis Gonçalves (Tilat) e Letícia Scarpa (Nalim).

Elenco 1

Cena 2 — Sala no Palácio de Pécos
Paulo Perez (Solias).

Cena 49 — Quarto de Nalim
Da esquerda para a direita:
Lucienne Cunha (Nalim) e Valdir Ramos (Pécos).

Cena 4 — Sala do Palácio
Da esquerda para a direita:
Letícia Scarpa (Nalim) e
Nelson Baskerville (Pécos).

Cena 24 — Quarto do Palácio
Da esquerda para a direita:
Lucienne Cunha (Nalim) e
Lucia Capuchinqui (Solimar).

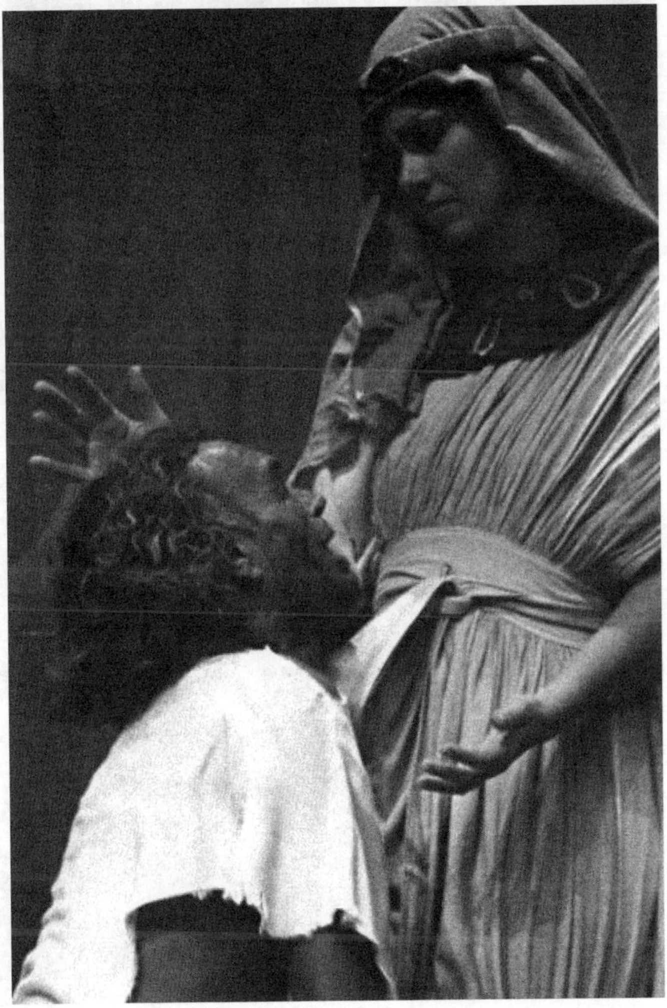

Cena 66 — Casa de Solimar
Da esquerda para a direita:
Paulo Perez (Solias) e
Graciete Jepez (Solimar).

Elenco 1

Cenas 45 e 47
Da esquerda para a direita:
Lucienne Cunha (Nalim), Agnes Matizonkas (Solimar), Ricardo Campos (Jasar) e Valdir Ramos (Pécos).

O AMOR VENCEU

CENA 1

EGITO, 1200 A.C.

FOCO DE LUZ SOBRE O FARAÓ, MAGNIFICAMENTE VESTIDO.

Faraó: — Povo de Tebas! Mais uma vez, somos vitoriosos e meu coração se enche de alegria e de orgulho! Não há quem se atreva a desafiar o nosso poder! Temos o exército mais combativo, as armas mais avançadas e os homens mais valorosos! Como prova de meu afeto e consideração, desejo cobrir de glórias e riquezas os generais de meu exército. Que Omar e Pécos se aproximem!

OMAR E PÉCOS ENTRAM EM CENA E SE AJOELHAM JUNTO AO FARAÓ.

Faraó: — Omar... Deixe-me apertá-lo entre meus braços. Minha amizade para sempre será sua.

OMAR ABRAÇA O FARAÓ.

Omar: — Que os deuses a conservem, meu amado senhor.

Faraó: — Você receberá, por sua valentia, uma

quantidade de ouro suficiente para cobrir todo o seu corpo.

Omar: — É muita bondade, meu senhor.

Faraó: — E quanto a ti, Pécos... Se me fosse concedido mudar alguma coisa neste mundo, faria com que você fosse meu filho.

Pécos: — Eu jamais seria digno de tanta honra.

Faraó: — Desejo que você aceite um presente.

O FARAÓ COLOCA UM COLAR NO PESCOÇO DE PÉCOS.

Faraó: — Esta é a grã-pedra opalina. A joia mais preciosa dentre todas as que já foram encontradas no Egito. Ela é sua, Pécos. E acredite que ainda é pouco para o tamanho de minha gratidão. Como manda a tradição, o melhor entre os guerreiros deve escolher para si dois dos escravos capturados. Eu lhe ofereço, amado Pécos, duas dezenas.

Pécos: — Sua bondade é imensa, meu senhor. Mas lhe garanto que minha casa já tem escravos suficientes. Prefiro seguir o costume e escolher apenas dois.

Faraó: — Que seja feita a sua vontade. Além disso, quero comunicar uma decisão importante: a partir de hoje, você assume o posto de comandante supremo dos meus exércitos. Até mesmo o nobre Omar deverá submeter-se às suas ordens.

Pécos: *(Surpreso)*

— Se é essa a sua vontade, meu senhor, então é também a minha.

Faraó: — Que se cumpram as minhas palavras.

PÉCOS E OMAR SE AJOELHAM. O FARAÓ SAI.

Omar: (*À parte, com ódio*)

—"Comandante supremo... Por que ele tem sempre de ser mais bem-sucedido do que eu? Se eu pudesse, não pensaria duas vezes antes de matá-lo. Ainda vou me vingar de você, Pécos. E, nesse dia, você vai conhecer o gosto amargo do sofrimento."

CENA 2

SALA NO PALÁCIO DE PÉCOS.

NALIM E SOLIMAR ESTÃO PRESAS ALI.

Nalim: — Estou com medo, Solimar...

Solimar: — Eu também. Mas temos que ser fortes, Nalim.

Nalim: — Não entendo por que nos trouxeram para cá.

Solimar: — Acho que somos uma espécie de prêmio de guerra. Fomos escolhidas por aquele guerreiro...

Nalim: — Por Pécos, o covarde.

Solimar: — Não fale assim. Isso pode piorar as coisas para nós.

Nalim: — Nada pode ser pior do que esta situação. Você sabe muito bem que, na minha terra, eu era quase uma princesa. A escravidão, para mim, é a morte.

Solimar: *(Firme)*

— Não diga isso, Nalim. A escravidão pode atingir o nosso corpo, mas não o nosso espírito.

Nalim: *(Nervosa)*

— Eu sou uma senhora, Solimar! Nasci para ordenar e não para obedecer!

O SOLDADO SOLIAS APARECE REPENTINAMENTE DA ESCURIDÃO.

Solias: — Silêncio, escrava! Como se atreve a falar nesse tom na casa do grande Pécos?

Solimar: *(Intervindo)*

— Peço que desculpe minha amiga, senhor. Ela está muito assustada. Não sabe o que diz.

Solias: — Pois é bom que ela aprenda depressa. Se tem uma coisa que eu gosto, é de cobrir uma escrava insolente de tapas!

Solimar: — Por favor, senhor. Eu lhe prometo que ela vai se comportar. Eu lhe dou a minha palavra.

Solias: — Você é mãe dela, por acaso?

Solimar: — Não, senhor. Somos amigas.

Solias: *(Interessado)*

— É... Você é bonita demais para ser mãe dela. Como é seu nome?

Solimar: — Meu nome é Solimar.

Solias: *(Orgulhoso)*

— Eu sou Solias, soldado da guarda pessoal do general Pécos. Você gosta de mim?

SOLIAS FAZ UM CARINHO NO ROSTO DE SOLIMAR. ELA, ASSUSTADA, AFASTA-SE.

Solimar: — Devo-lhe respeito, senhor.

Solias: — É bom que aprenda a gostar de mim. Se souber me tratar... pode ganhar beijos em vez de tapas.

Solimar: — Por favor, senhor. Sou uma mulher honesta.

Solias: — Coisa fácil de se alterar.

ENTRA A VELHA ESCRAVA CORTIAH.

Cortiah: — Que está fazendo aqui, Solias?

Solias: *(Assustado)*

— Nada. É que as escravas estavam agitadas.

Cortiah: — Você sabe muito bem que nosso senhor, Pécos, não admite que os soldados fiquem rondando as escravas.

Solias: — Eu já estava de saída.

Cortiah: — Isso é muito bom...

SOLIAS AINDA DÁ UMA OLHADA MALICIOSA PARA SOLIMAR E SAI.

Cortiah: *(A Solimar)*

— Não dê atenção a Solias, minha querida. Ele não passa de um brutamontes estúpido.

Solimar: — Obrigada, senhora.

SOLIMAR FAZ UMA REVERÊNCIA.

Cortiah: — Não tem de quê. Mas não precisa se curvar. Eu também sou uma escrava.

Solimar: *(Espantada)*

— Mas, então, por que o soldado obedeceu à sua ordem?

Cortiah: — Eu fui capturada por essa família há mais de trinta anos. Ajudei a criar o general Pécos. Como ele gosta muito de mim, ouve tudo o que eu digo. Por isso, os soldados me respeitam.

Nalim: *(Intervindo)*

— Por que, então, ele nunca lhe deu a liberdade?

Cortiah: — E para onde eu iria? Nem mesmo sei onde está a minha família... se é que ainda estão vivos. A única coisa que me resta é continuar aqui. Mas vamos logo ao que interessa. Sou eu quem vai designar os trabalhos para vocês e julgar se estão sendo bem feitos. Há muito trabalho nesta casa e, por isso, não quero saber de preguiça e nem de tristezas. Nunca briguem com as outras escravas e nem se misturem com os soldados. Se precisarem de mim, meu nome é Cortiah. Por enquanto, procurem descansar. A partir de amanhã, terão uma vida bastante ocupada.

Solimar: — Obrigada, senhora.

CORTIAH SAI.

Nalim: *(Com nojo)*

— Não acredito que vou ter de obedecer às ordens dessa escrava... Isso é demais para mim.

Solimar: — O que é isso, Nalim? Ela é uma pessoa como a gente. A posição social é só uma convenção. Não quer dizer nada.

Nalim: — Pois eu me acho bem diferente dela, fique sabendo.

Solimar: — Somos todos iguais, minha amiga. Se existe alguma diferença é só na pureza de sentimentos, entende? No grau de bondade.

Nalim: — E você acha, por acaso, que uma escrava ignorante vai ter esses sentimentos todos?

Solimar: — E nós não os temos? Não somos escravas também?

Nalim: — Ah, você me confunde. O nosso caso é diferente.

Solimar: *(Amorosa)*

— Você só se confunde porque é teimosa, sabia?

Nalim: — Pelo menos você está aqui comigo, minha amiga. Senão, eu acho que não aguentaria.

AS DUAS SE ABRAÇAM. A LUZ VAI CAINDO EM RESISTÊNCIA.

CENA 3

SALA DO PALÁCIO DE PÉCOS.

ENQUANTO O CENÁRIO VAI SENDO MONTADO, OUVE-SE A VOZ DO ESPÍRITO LUCIUS, EM OFF.

Lucius: *(Off)*

— Ninguém fica só no mundo. Deus não desampara ninguém. A triste experiência de Nalim e Solimar não acontecia por acaso. Elas mesmas a tinham escolhido anteriormente, antes de nascerem no plano terreno, sabendo que ela serviria para fazê-las crescer espiritualmente. Afinal, só vivemos na Terra por um motivo: para aprendermos a ser bons. Solimar, mais adiantada em seu entendimento das verdades da vida, adaptou-se mais depressa àquela nova missão. Já Nalim, muito mais orgulhosa, sofria terrivelmente com sua nova condição e alimentava o mais terrível dos sentimentos: o ódio. Enquanto isso, o vaidoso Pécos permanecia alheio aos sentimentos de todos. Estava ocupado demais, arquitetando uma forma de ampliar ainda mais o seu poder e a sua riqueza.

A LUZ SOBE.

PÉCOS E OMAR ESTÃO ALEGRES, TOMANDO VINHO. CORTIAH PRESENTE, SERVINDO-OS.

Pécos: — Sabe, meu amigo Omar... acho que estou ficando velho...

Omar: — O senhor está brincando.

Pécos: — Velho demais para continuar solteiro. (*risos*)

Cortiah: *(Feliz)*

— Meu senhor está pensando em se casar?

Pécos: — O que lhe parece, Cortiah?

Cortiah: — É maravilhoso, senhor...

Omar: — E será que podemos saber quem será a noiva?

Pécos: — Primeiro pensei em escolher uma mulher que eu amasse. Mas logo descobri que não amava nenhuma. Depois pensei em uma mulher inteligente. Mas fiquei com medo de que fosse mais esperta do que eu. Finalmente, cheguei à conclusão de que minha futura esposa deveria ter, principalmente, uma qualidade.

Omar: — E qual seria, senhor?

Pécos: — Deveria ser rica, é claro. (*risos*) A minha ideia do casamento é muito clara: deve ser uma forma de conseguir mais poder.

Omar: — Seu raciocínio me encanta, meu amigo.

Pécos: — Decidi unir minhas terras e minha riqueza às de meu tio Osiat. Desde criança, minha prima, Otias, é praticamente prometida para mim. Chegou a hora de cobrar essa promessa.

Cortiah: — Isso é maravilhoso, senhor. Otias é uma princesa de rara beleza.

Pécos: — Quem sabe eu não possa aprender a gostar dela, não é verdade?

Cortiah: — Precisamos preparar uma grande recepção para ela.

Pécos: — É justamente o que quero que faça, minha boa Cortiah. Daqui a quinze dias, meu tio Osiat e a jovem Otias devem estar chegando. Também convidei meu querido irmão Jasar para o grande acontecimento.

Cortiah: — Vou preparar tudo para recebê-los, senhor.

Pécos: — Gostaria que o quarto de Otias fosse decorado de uma forma muito especial. Ela é uma mulher elegante e bastante exigente. Todo o luxo é pouco para satisfazê-la. Além disso, também gostaria de preparar para ela uma surpresa qualquer...

Cortiah: — Se me permite, senhor, tenho uma ideia. As duas escravas que o senhor ganhou do faraó, há quinze dias, vieram de famílias muito requintadas. Uma delas, chamada Nalim, tinha uma posição social privilegiada em sua terra, a Assíria. Estou certa de que as duas poderiam cuidar da decoração com muito bom gosto. Além disso, posso incumbi-las de tecer uma vestimenta especial... um vestido precioso.

Omar: — As roupas assírias são realmente belíssimas.

Cortiah: — Tenho certeza de que Otias ficará encantada com um presente como esse.

Pécos: — Que seja. É uma boa ideia. Coloque as escravas para trabalhar nisso imediatamente.

Cortiah: — Assim será feito, meu senhor.

CORTIAH SAI.

Pécos: — Gostou das novidades, Omar?

Omar: — Muito, meu senhor. Muito.

Pécos: — Espero que eu esteja agindo bem. Sei que já estou na idade certa... Mas será que o casamento vai me tornar um homem mais feliz?

Omar: — *(à parte)* "Espero que torne a sua vida um inferno." (*a Pécos*) Claro que vai fazê-lo feliz, meu senhor. (*à parte*) "Como odeio chamá-lo de senhor... Daria tudo para vê-lo ajoelhado aos meus pés."

CENA 4

SALA DO PALÁCIO DE PÉCOS.

NALIM E SOLIMAR ESTÃO TECENDO UM VESTIDO PRECIOSO.

Solimar: — Acho que o vestido vai ficar belíssimo. Cortiah vai ficar contente.

Nalim: — É mesmo um tecido maravilhoso. Mesmo na minha terra, jamais possuí um igual.

Solimar: — Pelo que entendi, o nobre Pécos quer presentear sua noiva com o vestido.

Nalim: — Não fale nesse nome perto de mim, por favor. Tenho nojo só de pensar em Pécos.

Solimar: — Silêncio. Você quer que nos joguem nas masmorras novamente?

Nalim: — Ele me tirou de perto de meus pais, arrastou-me de minha terra querida, como se eu fosse um bicho. Não pode ser um homem normal, Solimar. Só pode ser um monstro.

Solimar: — Eu concordo que ele agiu de forma errada. Mas talvez ele não tenha consciência de seu erro. Desde criança, foi educado para aceitar a escravidão como uma coisa natural. Na verdade, isso aconteceu com você também, Nalim. Você só está mudando agora porque está sentindo na carne o que, um dia, impôs a outras pessoas.

Nalim: — Talvez você esteja certa. Mas não posso deixar de odiá-lo.

NALIM COLOCA O VESTIDO SOBRE O CORPO.

Nalim: — Ele está me privando de tudo o que eu tinha de bom, entende? Da minha felicidade, da minha família...

PÉCOS ENTRA SEM QUE AS DUAS VEJAM.

Nalim: — Veja só este vestido. Devia estar sendo feito para mim, Solimar! Para mais ninguém. Só para mim.

Pécos: — Este vestido não lhe cai bem.

NALIM SE ASSUSTA E LARGA O VESTIDO. SOLIMAR CURVA-SE DIANTE DE PÉCOS.

Pécos: — E não poderia ser diferente. Está sendo tecido para uma senhora, e não para uma escrava. Não fique cobiçando o que não é digno de você.

Solimar: *(Intervém)*

— Eu sinto muito, senhor. Nós, mulheres, às vezes nos deixamos dominar pelas coisas bonitas.

Pécos: — Que isso não se repita.

Solimar: — Sim, senhor.

Pécos: *(A Nalim)*

— Quero ouvir você também.

Nalim: *(Nervosa)*

— Sim, senhor.

Pécos: — Como você se chama?

Nalim: — Nalim. Filha do grande Salil, da Assíria.

Pécos: *(Irritado)*

— Errado! Agora você é Nalim, escrava do grande Pécos, de Tebas. Não é verdade?

ELA NÃO RESPONDE.

Pécos: *(Ameaçador)*

— Não é verdade?

Nalim: *(Com raiva)*

— Sim, senhor.

Pécos: — Seu gênio não parece ser dos melhores. Com o tempo, vai aprender a ser mais respeitosa. Aqui, de nada vale o seu passado nobre... E nem esta sua cara de princesa.

Nalim: *(Esperta)*

— Muito obrigada, senhor. É o primeiro elogio que ouço desde que cheguei aqui.

Pécos: *(Atrapalhado)*

— Eu... não estava fazendo nenhum elogio. Falei por pura ironia. Voltem ao trabalho imediatamente.

Solimar: — Sim, senhor.

Nalim: *(Seca)*

— Sim, senhor.

PÉCOS SAI.

Nalim: *(A Solimar)*

— Viu como tenho razões de sobra para odiá-lo? Ele conhece o meu passado e sabe muito bem que mereço respeito e consideração. Mesmo assim, faz tudo para me humilhar. Isso não pode continuar assim! Se surgisse uma oportunidade para fugir, você iria comigo?

Solimar: — Eu não sei. Dependeria das circunstâncias. A verdade, minha amiga, é que a liberdade neste mundo é sempre muito relativa.

Nalim: — Do que é que está falando?

Solimar: — Às vezes, o que chamamos de liberdade é apenas o poder de fazer o que nos agrada. E, muitas vezes, é justamente o que nos agrada que nos aprisiona. A única liberdade verdadeira e eterna é a do nosso espírito. Essa, por mais que escravizem nosso corpo, ninguém pode nos roubar.

Nalim: — Talvez você esteja certa. Mas, se surgir uma chance de fugir, não vou perdê-la. E aí Pécos vai se arrepender do dia em que nasceu, Solimar. Eu juro pra você que, se puder, não vou pensar duas vezes antes de destruí-lo.

Solimar: — Não alimente esse tipo de sentimento, minha amiga. Ele só traz tristeza. Pécos está cego pelo poder, pela vaidade, pela educação que teve... Tenho certeza de que a própria vida, mais cedo ou mais tarde, vai se encarregar de transformá-lo. Você vai ver. Eu tenho certeza!

CENA 5

PÉCOS SOZINHO, SENTADO EM SEU TRONO.

Pécos: *(A si)*

— Estranha essa mulher... Como se chama...? Nalim! Apesar de escrava, é altiva como uma rainha... Ela é bonita! Tem um rosto delicado... Ao mesmo tempo forte... Se a situação fosse outra... talvez...

ENTRA OMAR.

Omar: — Pécos... aconteceu uma coisa terrível, meu amigo.

Pécos: — O que houve?

Omar: — Um dos nossos soldados nos traiu. Provavelmente foi subornado.

Pécos: — Subornado para fazer o quê?

Omar: — Para libertar um dos nossos prisioneiros de guerra.

Pécos: *(Sobressaltado)*

— Rabonat!

Omar: — Exatamente. O bandido fugiu no meio da madrugada. A essas horas, já deve estar se aproximando do deserto.

Pécos: — Ele fugiu sozinho?

Omar: — Não. Levou um outro de seu bando. Um comerciante de camelos chamado Tilat.

Pécos: — Esse não me preocupa. Não passa de um rato do deserto. Rabonat é diferente.

Omar: — Acha que ele pode tentar nos atacar? Todo mundo sabe que ele nos jurou de morte.

Pécos: — Eu duvido. Ele não seria tão louco a ponto de nos atacar em nosso próprio território. De qualquer forma, devemos tomar cuidado. O ideal seria capturá-lo, antes que ele possa se juntar ao seu bando.

Omar: — Já temos quarenta homens revirando a cidade de alto a baixo.

Pécos: — Ótimo. E também é bom reforçar a guarda em volta do palácio.

Omar: — Vou fazer isso imediatamente.

Pécos: — Minha noiva deve estar chegando amanhã, com meu irmão e meu tio. Acho melhor que eles não fiquem sabendo desse assunto.

Omar: — É claro. Não vamos preocupá-los sem necessidade.

Pécos: — Obrigado, meu amigo.

Omar: — Você sabe que sempre pode contar comigo.

CENA 6

RUA DA CIDADE.

RABONAT E TILAT EXAUSTOS DA FUGA.

Tilat: — Acho que, finalmente, conseguimos despistar os guardas.

Rabonat: — É melhor que a gente se separe agora. Sozinhos, vamos ter mais chance de escapar.

Tilat: — Não. Eu sei o que você está pensando. Está querendo voltar ao palácio, não é?

Rabonat: — É exatamente o que vou fazer. Você segue para o deserto e, depois, nos encontramos.

Tilat: — É loucura, Rabonat. Nosso povo precisa de você livre. Não volte àquele lugar apenas por vingança.

Rabonat: — Não estou perguntando a sua opinião, Tilat. Estou lhe dando uma ordem.

Tilat: *(Contrafeito)*

— Se é o que você deseja...

Rabonat: — Suma daqui. Que os deuses o protejam.

Tilat: — E que Osires esteja contigo. Adeus, meu amigo.

TILAT SAI.

CENA 7

QUARTO NO PALÁCIO DE PÉCOS.

NALIM E SOLIMAR ESTÃO VESTINDO OTIAS COM O VESTIDO QUE COSTURARAM.

ENTRA OSIAT.

Osiat: — Quanto tempo você ainda vai demorar, Otias?

Otias: — Já estou indo, meu pai.

Osiat: — Pécos está louco para vê-la.

Otias: — Eu sei. Mas eu não poderia aparecer antes de me arrumar um pouco. Veja só a surpresa que ele preparou para mim. Não é um encanto?

OTIAS SE EXIBE COM O VESTIDO.

Osiat: — Você está linda, minha querida. Uma joia preciosa. Mas não demore mais, está bem?

Otias: — O senhor não entende mesmo as mulheres.

Osiat: — Acho que já perdi a prática.

OSIAT SAI.

Otias: *(A Nalim e Solimar)*

— E vocês, escravinhas estúpidas? Estão morrendo de inveja de mim?

Solimar: — (*ofendida*) Por que a senhora está falando assim conosco?

Otias: — Porque eu posso. Não posso?

Solimar: — Mas por que agredir pessoas que nunca lhe fizeram mal?

Otias: — E desde quando vocês são pessoas? Vocês não são gente, minha menina. São como bichos... ou coisas. Nasceram apenas para nos servir.

Nalim: *(Irritada)*

— Isso não é verdade!

Solimar: — Calma, Nalim.

Otias: *(A Nalim)*

— E você vai fazer o quê? Vai... brigar comigo?

Nalim: — Eu só queria lhe dizer que não nasci para servir ninguém.

OTIAS DEIXA CAIR UM LENÇO.

Otias: — Meu lenço caiu. Apanhe.

Nalim: — Prefiro ir para a masmorra.

Otias: *(Irritadíssima)*

— Apanhe o meu lenço!

Solimar: — Eu apanho.

Otias: — Não! Eu quero que ela apanhe! (*a Nalim*) Vamos lá. Estou esperando.

Nalim: — Nunca.

Otias: *(Grita)*

— Guarda!

ENTRA SOLIAS.

Solias: — Senhora?

OTIAS SURPREENDE-SE E APONTA SOLIMAR.

Otias: — Esta escrava está me incomodando. Quero que seja castigada.

Solias: — Mas castigada de que forma, senhora?

Otias: — Do jeito que você preferir. Desde que desapareça da minha vista.

Nalim: *(Interfere)*

— Não. Por favor.

NALIM APANHA O LENÇO PARA OTIAS.

Nalim: — Aqui está o seu lenço, senhora. Eu sinto muito. Sinto realmente. Juro que isso não vai se repetir.

Otias: *(Maldosa)*

— É claro que não vai. (*ao guarda*) Eu mudei de ideia, guarda. Pode se retirar.

Solias: *(Malicioso)*

— Que pena, senhora. Adoraria cumprir essa ordem. Com a sua licença.

SOLIAS SAI.

Otias: *(A Nalim)*

— Viu como foi fácil? De uma outra vez, simplesmente obedeça. (*ameaçadora*) E nunca responda para mim. Nunca!

CENA 8

SALA DO PALÁCIO DE PÉCOS.

PÉCOS RECEBE O IRMÃO JASAR. CORTIAH, SILENCIOSA, ESTÁ ALI PARA SERVI-LOS.

Pécos: — Como é bom revê-lo, meu irmão.

Jasar: — É verdade. Já fazia muito tempo, Pécos. Mas é impressionante. Você está a cada dia mais parecido com o nosso falecido pai.

Pécos: — Mas ainda tenho bastante cabelo. (*risos*) E os seus estudos, Jasar? Como é que estão indo?

Jasar: — Muito bem. Você sabe que estudar, para mim, é uma necessidade.

Pécos: — Eu sei disso. Ainda tem visto seu velho mestre?

Jasar: — Já não o vejo há muito tempo. Tenho até medo de que já tenha morrido. Mas ainda vou voltar às montanhas para procurá-lo, sem a menor dúvida.

Pécos: — Você é louco. Não entendo o prazer que encontra em ficar dormindo no chão frio de uma caverna, sem ter o que comer. Inclusive podendo ser atacado por algum animal feroz a qualquer momento.

Jasar: — Todos esses inconvenientes são recompensados pelo conhecimento, meu irmão. Tenho descoberto coisas fantásticas através da meditação.

Pécos: — O quê, por exemplo?

Jasar: *(Entusiasmado)*

— Em primeiro lugar que, nesse mundo, o saber tem limites bem estreitos. Mas que isso não diminui o número de mistérios e nem a nossa ânsia por novas descobertas. Fiquei sabendo, Pécos, que existem teorias muito interessantes sobre a composição básica da matéria... E conhecimentos matemáticos muito avançados. Observando um triângulo retângulo e fazendo simples operações, já somos capazes de comprovar a infinitude numérica. E a noção do infinito, meu irmão, nos aproxima do mais elevado de todos os pensamentos: a ideia de um Deus único e todo-poderoso.

Pécos: *(Confuso)*

— Pensei que o Sol era o deus mais poderoso. Mas por que ele seria único?

Jasar: — O grande Rá é simbolizado pelo Sol, meu irmão, mas não é o próprio astro. Assim como a Lua também não é uma deusa. Eu acredito quc existe uma força única que movimenta tanto o Sol quanto a Lua. É a mesma força que vibra na Terra, fazendo a semente brotar, florescer e dar frutos. É o que faz com que estejamos vivos e, na minha opinião, é o único poder que pode, de uma forma abrangente, dar sentido a toda a natureza.

Pécos: *(Espantado)*

— Pelos deuses! Isso é sabedoria demais para um pobre soldado ignorante como eu.

Jasar: — Existem muitas formas de se chegar a essa sabedoria. Na verdade, ela é mais acessível ao sentimento do que à razão.

Pécos: — Eu não compreendo.

Jasar: — Talvez o seu caminho não seja pelo conhecimento, Pécos... Mas pelo coração.

ENTRAM OSIAT E OTIAS.

Pécos: — Acho que meu coração já tem dono. Minha senhora, sua beleza faria florescer o deserto.

PÉCOS FAZ UMA REVERÊNCIA.

Otias: — Mas que galanteador. Pelo jeito, o grande Pécos tem tanta habilidade com as palavras quanto com a espada.

Pécos: — Mas jamais usaria minhas palavras para feri-la, senhora.

Otias: — E meu outro primo, como vai? Aposto que já estava falando de suas experiências científicas.

Jasar: — Exatamente.

Otias: — Em vez de aproveitar as grandes festas palacianas, Jasar insiste sempre em estar sozinho com seus pensamentos. A última vez que nos visitou, permaneceu mais tempo em seu quarto do que em sociedade.

Jasar: — Minha prima sabe o quanto odeio a

hipocrisia. As grandes festas nunca me atraíram muito.

Otias: — Mas muitas moças devem lamentar a sua ausência, Jasar.

Pécos: — Realmente, meu irmão sempre foi um pouco selvagem. Mas acho que já está chegando a hora de pensar num casamento.

Jasar: — O que me preocupa é que muitas mulheres escondem uma alma não muito atraente atrás de seus belos olhos.

Otias: — Não pensei que você fizesse tal juízo das mulheres.

Jasar: — É claro que existem pérolas verdadeiras. Mas o problema é que só um perito sabe descobri-las.

Otias: — Se quiser alguma ajuda, é só falar com o seu tio.

TODOS RIEM.

CENA 9

JARDIM DO PALÁCIO DE PÉCOS.

ENTRA SOLIAS, ARRASTANDO SOLIMAR PELA MÃO.

Solimar: — Me largue, Solias. Por favor! O que você quer de mim?

Solias: — Fique quieta!

Solimar: — Eu vou contar para Cortiah! Ela vai dizer a Pécos!

Solias: — Não me interessa. Conte para quem quiser. Tudo que quero é um beijo. Só um beijo!

Solimar: — Mas eu não o amo!

Solias: — Eu já não aguento mais, Solimar. Eu a desejo muito.

Solimar: — Você não pode fazer isso! Me largue, pelo amor de Deus! Me largue!

Solias: — Você não escapa de mim. Vai ser minha de qualquer jeito.

SOLIMAR CONSEGUE SE SOLTAR E FOGE CORRENDO. SOLIAS RI.

Solias: — Você não tem pra onde fugir, minha menina. Eu a pego num segundo! Você não escapa de mim!

SOLIAS CORRE ATRÁS DELA.

CENA 10

OUTRO LOCAL NO JARDIM DO PALÁCIO DE PÉCOS.

JASAR ESTÁ ALI SOLITÁRIO, PENSATIVO.

CHEGA OTIAS.

Otias: — Ah... aí está você. Sozinho como sempre.

Jasar: — Olá, prima.

Otias: — Será que posso me sentar ao seu lado um pouco?

Jasar: — É claro.

OTIAS SE ACOMODA AO LADO DE JASAR.

Otias: — Estou querendo falar com você já há algum tempo.

Jasar: — Pode falar.

Otias: — Não sei se você sabe, mas seu irmão me pediu em casamento.

Jasar: — É, eu sei.

Otias: — Fiquei de decidir ainda essa noite, mas ainda não sei o que vou fazer.

Jasar: — Por quê? Todo mundo sabe que esse casamento já é uma coisa decidida.

Otias: — Você não acha que, no casamento, deve haver amor?

Jasar: — É claro que sim. Mas tenho certeza de que Pécos a aprecia muito. E, com o tempo, isso pode se transformar em amor.

Otias: — O caso não é bem esse. Ah, Jasar, por que você finge que não me compreende?

OTIAS TENTA ABRAÇAR JASAR. ELE SE AFASTA.

Jasar: *(Incomodado)*
— Por favor, Otias.

Otias: — Eu o quero, Jasar! Se você me pedisse, eu abandonaria tudo por você. Faça o que quiser de mim, mas não me despreze.

JASAR AFASTA OTIAS COM FIRMEZA.

Jasar: — Não faça isso. Eu sei que você não me ama realmente. Só está desejando o único brinquedo que nunca conseguiu possuir.

Otias: — Quer dizer que você me rejeita?

Jasar: — Sei que não seríamos felizes. Além do mais, seu temperamento se harmoniza muito mais com o de Pécos do que com o meu.

Otias: — Nunca fui tão humilhada, Jasar! Muitos homens entregariam a própria vida por mim.

Jasar: — Eu sinto muito.

Otias: — Um dia, você se arrependerá.

Jasar: — Não guarde rancor de mim, Otias. Eu apenas não a amo.

Otias: — Você não me merece.

OTIAS SAI DE CENA, MUITO OFENDIDA.

CENA 11

MESMO LOCAL. SOLIMAR APARECE, VINDA DE OUTRA

DIREÇÃO. ESTÁ ASSUSTADA, FUGINDO DE SOLIAS, E VAI DE ENCONTRO A JASAR.

Solimar: — Senhor... me perdoe. Me ajude, por favor! Me ajude!

Jasar: — Calma. Mas o que aconteceu com você?

SOLIAS CHEGA, OFEGANTE.

Solias: — Ah, aí está você! Agora não me escapa!

Jasar: — Mas o que está acontecendo, soldado?

Solias: — Eu sinto muito, senhor. Esta escrava... É uma ladra. Roubou-me três ânforas de óleo aromatizado.

Solimar: — Por Deus, é mentira senhor. Eu juro que é mentira.

Jasar: — Eu mesmo vou investigar esse caso. Pode se retirar, soldado.

Solias: — Mas, meu senhor...

Jasar: — Obedeça imediatamente.

Solias: *(Contrariado)*
— Sim, meu senhor.

SOLIAS SAI.

Jasar: *(A Solimar)*
— E então? É verdade o que ele disse?

Solimar: — Meu senhor, jamais roubei nada em toda minha vida. Nem em pensamento cometeria esse crime. O senhor tem que acreditar em mim.

Jasar: — Eu acredito. Procure se acalmar agora.

JASAR TOMA AS MÃOS DE SOLIMAR ENTRE AS SUAS.

Jasar: — Suas mãos estão geladas.

Solimar: — Fiquei tão assustada, senhor! Esse soldado tem me perseguido desde que cheguei aqui e, agora, parece estar disposto a tudo para conseguir o que deseja. Eu estou com muito medo!

Jasar: — Não permitirei que ele lhe faça mal. Como é o seu nome, minha pequena?

Solimar: — Chamo-me Solimar, senhor.

Jasar: — Há quanto tempo você é escrava?

Solimar: — Fui capturada há três meses. Arrancada de minha família que vive em Tebaida. Eu procuro manter as esperanças, mas, às vezes, sinto que minha vida já não tem mais sentido. Se Solias tivesse conseguido...

Jasar: — Calma. Não pense mais nisso. Vou falar com meu irmão e conseguir a transferência desse soldado para algum outro setor.

Solimar: — Muito obrigada, senhor. Acho que nunca poderei pagar-lhe por essa bondade.

Jasar: — Pode me pagar com a sua amizade.

Solimar: — Mesmo sendo uma escrava?

Jasar: — Se julgar que eu a mereço.

NUM IMPULSO, SOLIMAR AGARRA A MÃO DE JASAR E A BEIJA. ENTÃO, FOGE CORRENDO.

CENA 12

SALA NO PALÁCIO DE PÉCOS.

PÉCOS E NALIM.

Pécos: — Será que você pode repetir? Porque, por mais que me esforce, meus ouvidos não querem acreditar no que estão ouvindo.

Nalim: — Não vejo nenhuma dificuldade em compreender, senhor. Não desejo mais servir sua noiva.

Pécos: *(Espantado)*
— E será que posso saber por quê?

Nalim: — Simplesmente porque ela não me respeita.

Pécos: — Você deve estar brincando. É você quem deve respeito a ela.

Nalim: — Não posso ter respeito por quem me trata como se eu fosse um bicho.

Pécos: — Isso está fora de questão. Você vai continuar cumprindo com suas obrigações de sempre. Caso contrário, será castigada.

Nalim: — Sempre soube que o senhor era um grande conquistador. Mas não pensei que essa sua qualidade se limitasse à guerra.

Pécos: — Do que está falando?

Nalim: — Pensei que o senhor também soubesse como tratar as mulheres.

NALIM VAI SAINDO.

Pécos: *(Irritado)*

— Espere um minuto!

Nalim: — Sim, meu senhor?

Pécos: — Sua nova condição não permite esse tipo de ironia. Se eu não conseguir o seu respeito por bem, vou ser obrigado a consegui-lo pela força.

Nalim: — Talvez o senhor consiga a minha obediência, mas nunca o meu respeito.

PÉCOS AGARRA NALIM PELOS BRAÇOS.

Pécos: — Sua insolente. Eu devia chicoteá-la! Jamais tive uma escrava como você.

Nalim: — É porque somos iguais.

PÉCOS AFASTA NALIM, ABRUPTAMENTE.

Pécos: — Nunca mais repita isso. A minha paciência tem limites. Se não modificar a sua conduta, eu a deixarei aos cuidados de Solias nas masmorras.

Nalim: *(Com medo)*

— Está bem. Eu juro que não vou mais incomodá-lo. Nunca mais. (*faz uma reverência*) Com a sua licença... Senhor.

NALIM SAI. PÉCOS FICA ALI, CHATEADO.

CENA 13

MESMO AMBIENTE. PÉCOS OUVE UM BARULHO.

Pécos: — Quem está aí? É você, Omar?

SURGE RABONAT, VESTIDO DE GUARDA.

Rabonat: — Não. Sou eu, Pécos. Seu velho amigo.

Pécos: — Rabonat! Como é que entrou aqui?

Rabonat: — Matei um de seus guardas e me disfarcei. Às vezes, alguns inocentes têm de morrer em nome de uma grande causa.

Pécos: — Você é um estúpido. Basta que eu dê um grito e esta sala se encherá de soldados.

Rabonat: — E o que importa? Você já estará morto.

RABONAT TIRA UM PUNHAL E O ENCOSTA NO PESCOÇO DE PÉCOS.

Pécos: — E de que adiantará me matar? Você logo vai

ser apanhado e, então, estará trocando a minha vida pela sua.

Rabonat: — Seu povo vem matando o meu há séculos, Pécos. Eu serei um mártir. A minha morte servirá como um exemplo. Diferente da sua, que só servirá para livrar o mundo de um covarde.

Pécos: — É muito fácil ofender com um punhal nas mãos.

Rabonat: — E mais fácil ainda fazer justiça. Diga adeus à sua vida miserável!

Pécos: — Por que não fecha esta boca e faz logo o que tem de fazer?

Rabonat: — Morre, Pécos!

RABONAT APUNHALA PÉCOS, QUE CAI AO CHÃO, COM UM GEMIDO DE DOR. ESCONDE O PUNHAL NA CAPA E FOGE.

CENA 14

QUARTO DE PÉCOS.

PÉCOS ESTÁ DEITADO EM UM DIVÃ, SENDO CUIDADO POR JASAR, QUE LHE DÁ UM REMÉDIO PARA BEBER.

Pécos: *(Sofrido)*

— Diga-me... Como foi?

Jasar: — Parece que um dos animais de estimação que você costuma caçar resolveu vingar-se, meu irmão. Por pouco não conseguiu. Felizmente o punhal não tocou as principais artérias e nem o coração.

Pécos: — Rabonat...

Jasar: — Procure descansar, Pécos. Seu estado ainda é grave. E Rabonat já está sendo perseguido.

Pécos: — O desgraçado fugiu.

Jasar: — Não se preocupe. Omar está cuidando de tudo. Agora, procure repousar. Mais tarde, vai sentir-se melhor.

PÉCOS, EXAUSTO, ADORMECE.

ENTRA SOLIMAR.

Solimar: — Com licença, senhor.

Jasar: — Ah, é você, Solimar...

Solimar: — Sim, senhor. Cortiah mandou-me para ajudá-lo. É que meu pai também cuidava de doentes e, muitas vezes, eu o assisti no trabalho.

Jasar: — Isso é ótimo.

Solimar: — É muito grave o estado de seu irmão?

Jasar: — Infelizmente é. Ele está muito fraco e não sei se resistirá... Ainda tem muita febre.

Solimar: — Seria bom se fizéssemos uma compressa de hortelã.

Jasar: *(Surpreso)*

— Já ordenei que fosse feita. Pelo visto, você tem mesmo conhecimentos de medicina.

Solimar: — Minha mãe é muito doente, senhor. Depois que papai faleceu, eu me vi forçada a tratá--la sozinha. (*triste*) Agora, não sei como ela está. Tenho medo de que já tenha morrido.

Jasar: — Não creio, Solimar. Se tivesse, teria vindo vê-la para se despedir.

Solimar: *(Feliz)*

— Acredita mesmo que me avisaria? Que não iria embora sem me ver?

Jasar: — Tenho certeza. O grande Deus não deixa ninguém sozinho na viagem pela Terra. Você foi chamada a uma outra missão, mas acredite... a sua mãe não ficou desamparada. Quando morrer, virá vê-la porque seu espírito se projetará onde estiverem seu pensamento e seu coração.

Solimar: — Acho que o senhor está certo. A distância nunca se transforma em esquecimento quando existe amor.

CENA 15

PRISÃO.

SOLIAS JOGA TILAT, QUE FOI FEITO PRISIONEIRO, AO CHÃO.

Solias: — Agora fique quieto, animal! Não me force a arrancar esta sua língua suja!

ENTRA OMAR.

Omar: — Calma, meu bom Solias. Antes de arrancar--lhe a língua, é melhor que ele responda a algumas perguntas.

SOLIAS CURVA-SE PARA OMAR.

Omar: — Pensou que se livraria de nós assim tão fácil, não é, seu vadio?

Tilat: *(Apavorado)*

— Clemência, senhor. Sou um pai de família.

Omar: — Se depender de mim, jamais voltará a ver seus filhos. A não ser que consinta em nos dar algumas informações.

Tilat: — Eu não sei onde está Rabonat. Eu juro, senhor!

Solias: — O desgraçado está mentindo.

Omar: — Existem muitas formas de se arrancar a verdade.

Tilat: — Pela luz que me ilumina, senhor. Nós nos separamos logo depois da fuga. Rabonat disse que voltaria ao palácio para se vingar de Pécos. É tudo que eu sei.

Omar: — Seu amigo não fez um bom serviço. (*irônico*) Nosso amado Pécos continua vivo. Voltarei de madrugada para conversarmos melhor. Aí, então, vou querer respostas mais satisfatórias. Por enquanto, você fica em companhia do nosso bom Solias. Não poderia haver anfitrião melhor para você.

Solias: *(Maldoso)*

— Ele será muito bem tratado, meu senhor.

Omar: *(Rindo)*

— Espero que não. Mas não deixe muitas marcas. Pécos não concorda muito com os nossos métodos.

Solias: — Como queira, meu senhor.

SOLIAS CURVA-SE. OMAR SAI.

CENA 16

QUARTO DE PÉCOS.

SOLIMAR ESTÁ À BEIRA DO DIVÃ, CUIDANDO DE PÉCOS.

ENTRA NALIM, COM UMA BANDEJA DE COMIDA.

Nalim: — Olá, minha amiga. Sabia que você estava sozinha com ele e vim lhe trazer a refeição.

Solimar: — Você é um amor. Já vou comer daqui a pouco.

NALIM COLOCA A BANDEJA PERTO DE SOLIMAR.

Nalim: — Como é que ele está?

Solimar: — O estado dele é grave. Precisa de muitos cuidados.

Nalim: — Ainda bem que não fui eu a escolhida para ser sua enfermeira.

Solimar: — Por quê?

Nalim: — Acho que ficaria tentada a terminar o trabalho que aquele infeliz não concluiu.

Solimar: *(Brava)*

— Como é que pode dizer uma coisa dessas? Você acha que um gesto desses melhoraria a sua situação? Melhor ser escravo dos poderosos do que da nossa própria consciência, Nalim. Prefiro mil vezes que me escravizem, que me tratem mal, até que me espanquem, a ser eu que o faça com outra pessoa. Porque, senão, eu só estaria me tornando igual a eles.

Nalim: — Acho que você tem razão. Eu não seria mesmo capaz de fazer uma coisa dessas.

Solimar: — Perdoe, minha amiga, e esqueça. O seu perdão sincero é a única coisa que, um dia, talvez possa transformá-lo.

Nalim: — Sinto muito, mas não consigo ser tão boa como você. Eu não sei como, mas um dia me vingarei. Agora tenho de ir.

Solimar: — Prometa que vai pensar no que eu lhe falei.

Nalim: — Eu vou pensar.

NALIM SAI.

CENA 17

QUARTO DE OMAR.

OMAR BEBE VINHO, RECOSTADO EM UM DIVÃ.

ENTRA NALIM E SE CURVA DIANTE DELE.

Omar: — Já estava com saudades de você, minha pequena Nalim.

Nalim: *(Charmosa)*
— E eu do senhor.

Omar: — Aproxime-se. Sente-se aqui ao meu lado.

NALIM APROXIMA-SE E SENTA-SE NO DIVÃ.

Omar: — Como tem passado a minha escrava predileta?

Nalim: — Bem.

Omar: — A cada dia, você fica mais bonita, minha criança. Seu corpo tem um perfume delicioso...

OMAR TENTA ABRAÇÁ-LA. NALIM O AFASTA GENTILMENTE.

Nalim: — Assim não vai conseguir nada comigo, senhor. Sabe que não sou como as outras escravas.

Omar: — A diferença, minha querida, é que gosto de você realmente...

Nalim: — É exatamente por isso que quero que o senhor seja um cavalheiro comigo. Se for, talvez eu possa até me apaixonar.

Omar: — É verdade, então, que você se interessa por mim?

Nalim: — Sim, acho que estou começando a me interessar... Mas será que consentiria em me fazer um favor?

Omar: — E qual seria esse favor?

Nalim: — Fiquei sabendo que seus homens conseguiram capturar o cúmplice de Rabonat.

Omar: — É verdade. E o que tem isso?

Nalim: — Eu sei que parece bobagem, mas tenho certa curiosidade em vê-lo. Como ele é?

Omar: — Ora, minha tolinha. Vocês mulheres sempre se deixam envolver pela imaginação. Ele é feio, pequeno e bronco.

Nalim: — Eu duvido. O senhor deve estar mentindo. Aposto que ele é um homem belo e valente. Se não fosse, não teria dado tanto trabalho para ser capturado.

Omar: — Ele estava apenas bem escondido.

Nalim: — Sonhei com ele essa noite. Parecia um verdadeiro filho de Osires. Muito másculo... Muito galante... Acho que o senhor está querendo me enganar.

Omar: — Se eu deixar vê-lo por alguns instantes, você permitirá que eu dê vazão aos meus sentimentos?

Nalim: — Se matar a minha curiosidade, meu belo senhor, então eu consentirei em que mate todos os seus desejos.

NALIM VAI SAINDO. OMAR A AGARRA PELO BRAÇO.

Omar: — Não brinque com os meus sentimentos, Nalim. Se você souber me tratar, ganhará um grande aliado. Mas se não... Vai se arrepender do dia em que me conheceu.

NALIM SOLTA O BRAÇO E SAI, DEIXANDO OMAR SOZINHO.

CENA 18

QUARTO DE PÉCOS.

JASAR E SOLIMAR VELAM PÉCOS.

Solimar: — Acho que hoje ele está um pouco melhor.

Jasar: — Mas já era tempo de ele ter reagido um pouco mais. Estou preocupado, Solimar. Engraçado. Acabei de ter a sensação de que esta mesma cena já aconteceu há muito tempo. Nós dois aqui, cuidando dele.

Solimar: — Talvez, em alguma existência anterior, já tenhamos nos reunido, como agora. O senhor não acha possível?

Jasar: — Sem dúvida. Então você também acredita que passamos por várias existências?

Solimar: — Meu pai foi iniciado nas ciências ocultas, meu senhor. De tempos em tempos, costumava passar longos períodos nos mosteiros e cavernas sagradas das grandes montanhas.

Jasar: — Assim como eu.

Solimar: — Às vezes, olhando para o senhor, eu me lembro dele. Foi com meu pai que aprendi a respeito da pluralidade das existências. Só por meio de muitas mortes e muitos nascimentos poderemos alcançar a perfeição moral e chegar mais perto de Deus.

Jasar: *(Carinhoso)*

— Você não sabe o bem que me faz a sua companhia, Solimar. Nós dois possuímos o mesmo ideal, a mesma crença. As coisas que seu pai lhe ensinou são as mesmas que aprendi com meu velho mestre.

Solimar: — Você nunca mais o encontrou?

Jasar: — Já não o vejo há alguns anos. Depois do último período que permanecemos juntos, eu segui para a Ásia, onde fiquei um bom tempo estudando medicina. Agora voltei ao Egito para reencontrar minha família, mas também com a intenção de revê-lo. Provavelmente farei isso quando Pécos estiver melhor.

Solimar: — Acho que é uma ótima ideia, meu senhor.

SEM QUE JASAR E SOLIMAR VEJAM, OTIAS ENTRA NO QUARTO.

Jasar: — Será que posso lhe pedir um favor, Solimar?

Solimar: — É claro, meu senhor.

Jasar: — Não posso, de um momento para outro, alterar os costumes de todo o meu povo. Mas eu, particularmente, sou contra a escravidão.

Solimar: — Eu já imaginava isso, meu senhor.

Jasar: — Gostaria que você parasse de me chamar de senhor e me chamasse pelo nome.

Solimar: *(Contente)*

— Se é o que você deseja...

OTIAS REVELA-SE.

Otias: — Mas o que significa isso? Pelo jeito, o resto de juízo que você tinha está se esgotando, Jasar.

Jasar: — Desculpe, mas, para não perder o costume, você chegou num mau momento, prima.

Otias: — Vim ver meu noivo. E encontro meu futuro cunhado numa situação humilhante.

Jasar: — Por favor, Otias...

Otias: — Não sabia que você apreciava a criadagem. Pensei que esse tipo de atitude fosse coisa de adolescentes.

Jasar: — Não vou admitir que me ofenda.

Otias: — Por quê? Tem medo de que eu o desmoralize em frente à sua namoradinha?

Jasar: — Isso é ridículo. Não lhe devo nenhuma satisfação.

Otias: — A cada dia que passa, você me decepciona mais, Jasar.

OTIAS SAI.

Solimar: — Sinto muito. Não queria ter lhe causado esse constrangimento.

Jasar: — A culpa não foi sua, Solimar. Eu é que lhe peço desculpas por minha prima.

Solimar: — Talvez seja melhor que eu o continue tratando de senhor, não é verdade?

Jasar: — Não. Nós não somos amigos?

Solimar: — É claro que somos.

Jasar: — Então quero que você me chame pelo nome.

Solimar: — Está bem... Jasar...

CENA 19

PRISÃO.

TILAT, EXAUSTO, ESTÁ CAÍDO NUM CANTO.

ENTRAM NALIM E OMAR.

Omar: — Não tenha medo. Eu estou armado com este punhal.

NALIM SE APROXIMA DE TILAT E O OBSERVA. ELE ERGUE A CABEÇA, SEM COMPREENDER.

Omar: — Então? O que você acha?

Nalim: — Ele está machucado.

Omar: — É claro. O que é que você esperava encontrar nas masmorras?

TILAT LEVANTA-SE, COM ESFORÇO.

Tilat: — O que querem de mim? Já não me maltrataram o bastante?

TILAT CAMBALEIA. NALIM, NUM IMPULSO, AJUDA-O A SE REEQUILIBRAR. SEM QUE OMAR VEJA, PASSA A ELE UM PAPIRO.

Nalim: — O pobre homem está moído de pancadas, Omar.

Omar: — Ele deve agradecer por continuar vivo. Mas agora me diga: onde está o herói bonito e atlético que você esperava?

Nalim: — Não existe. Você tinha toda razão, Omar. Para mim, ele não passa de um covarde traidor.

Omar: — Muito bem. Agora que já matou a sua curiosidade, podemos ir andando.

Nalim: — É claro. Que sonho mais estúpido eu tive. Ele é tão feio que nem sei se me dá medo ou se me diverte.

Omar: — De uma outra vez, minha criança, acredite logo no que eu digo.

NALIM E OMAR SAEM.

TILAT, SOZINHO, RETIRA O PAPIRO QUE ESCONDEU NAS VESTES E, DESENROLANDO-O, LÊ.

Tilat: *(Lendo)*

— "Tilat, meu nome é Nalim e sou sua irmã de cativeiro e sofrimento. Confie e espere. Estou procurando um jeito de salvá-lo. A única coisa que peço em troca é auxílio para, também, escapar do jugo do famigerado Pécos. Procure ser forte, pois, se tudo der certo, em breve estará livre."

TILAT, ESPERANÇOSO, GUARDA NOVAMENTE O PAPIRO ENTRE AS VESTES.

CENA 20

QUARTO DE PÉCOS.

PÉCOS JÁ ESTÁ BEM MELHOR. COME UM PRATO DE SOPA, SENTADO NO DIVÃ.

Solimar: — É bom vê-lo melhor, meu senhor. Está com apetite. É um bom sinal.

Pécos: — Melhorei, graças aos cuidados de Jasar e também aos seus. Eu lhe agradeço muito. Também me animou saber que Tilat já está em nosso poder. Logo estarei forte o suficiente para interrogá-lo e ir à caça do meu agressor.

Solimar: — Se me permite, senhor, as agressões que sofremos são sempre reflexos das nossas próprias ações. Se nunca agredirmos ninguém, dificilmente seremos agredidos. Além do mais, um crime nunca justifica outro. Mas acho que estou me intrometendo em um assunto que não me diz respeito.

Pécos: — Entretanto, suas palavras fazem sentido. Apesar de escrava, você costuma falar coisas bastante sensatas.

Solimar: — Talvez seja porque falo como ser humano e não como escrava. Confesso ao senhor que meu pensamento, até mesmo por ser livre, não concebe a escravidão.

Pécos: — Mas essa é uma situação incabível. Traria, sem dúvida, muitos prejuízos.

Solimar: — No entanto, senhor, dar a liberdade deve trazer muito mais felicidade do que escravizar. O senhor já imaginou o prazer que um gesto desses proporcionaria?

Pécos: — Desculpe, Solimar, mas não consigo conceber um mundo onde alguns homens não sejam obrigados a dominar os outros.

Solimar: — Acho que é muito melhor conseguirmos dominar os outros pelo amor e pela amizade do que pela força e pela humilhação.

Pécos: — Então, acha que eu deveria libertar os meus escravos... (*maldoso*) Você principalmente, não é?

Solimar: — Não, meu senhor. Eu não falava com egoísmo. Sei que essa não é uma atitude comum, mas penso muito nos outros.

Pécos: — Mas por quê? Que bem podemos alcançar nos preocupando com as outras pessoas?

Solimar: — Ah, meu senhor, a caridade é uma virtude tão maravilhosa.

Pécos: — Mas o que ganho sendo caridoso?

Solimar: — A recompensa da caridade está no seu próprio exercício, senhor.

Pécos: — Isso não é um jogo de palavras?

Solimar: — Não, meu senhor. Essas palavras são o maior presente que tenho para lhe dar. Valem mais do que essa pedra preciosa que o senhor carrega no pescoço.

Pécos: *(Rindo)*

— Mais do que a joia que ganhei do faraó? A mais preciosa de todo Egito?

Solimar: — Muito mais, meu senhor.

Pécos: — Você é mesmo muito estranha. Muito estranha...

CENA 21

MESMO AMBIENTE.

ENTRA JASAR, APRESSADO.

Jasar: *(Nervoso)*

— Tenho más notícias, Pécos.

Pécos: — Que aconteceu, Jasar?

Jasar: — Otias foi raptada, meu irmão.

Solimar: — Meu Deus!

Jasar: — Ela estava passeando pelo jardim, quando foi agarrada por três homens do bando de Rabonat. Uma escrava viu tudo da sacada do palácio.

Pécos: — E pra onde ela foi levada?

Jasar: — Não sabemos.

JASAR TIRA UM PAPIRO E ENTREGA A PÉCOS.

Jasar: — Eles deixaram essa carta.

Pécos: *(Lê)*

— "Pécos, parece que sua maldade o faz forte. Mas não creio que a nobre Otias também consiga suportar os golpes do meu punhal. Se quiser vê-la com vida, solte meu companheiro Tilat, dando-lhe um bom cavalo e provisão para a viagem. Depois que ele estiver a salvo, ao meu lado, soltarei a sua noiva. Seu prazo vai até amanhã ao anoitecer. Nem mais um minuto. Pense muito bem. Rabonat." Desgraçado! (*a Solimar*) E, depois, você vem me falar de caridade e de perdão.

PÉCOS SENTE DOR, MAS LEVANTA-SE DO DIVÃ.

Pécos: — Primeiro, precisamos colocar Otias a salvo. Em seguida, partiremos para o ataque. Eu não vou descansar enquanto não trucidá-los. (*a Jasar*) Como está Osiat?

Jasar: — Nosso tio não está nada bem. Teve um grande choque ao saber do rapto. Já lhe dei alguns medicamentos e ordenei que permanecesse na cama, mas estou bastante preocupado. Você sabe que ele já está bem velho. E, além disso, tem um coração muito fraco.

Pécos: — Mais um motivo para resolvermos logo esta questão. Cuide bem dele, Jasar.

Jasar: — Não se preocupe.

Pécos: — Eu vou tratar da libertação daquele rato chamado Tilat.

Jasar: — Mas procure não se esforçar demais. A sua saúde ainda não está perfeita.

Pécos: — Eu sei cuidar de mim.

PÉCOS SAI. JASAR E SOLIMAR SE ENTREOLHAM, PREOCUPADOS.

CENA 22

SALA NO PALÁCIO DE PÉCOS.

NALIM LIMPANDO O ASSOALHO. ENTRA OMAR.

Omar: — Ah, finalmente encontro a minha menina. Como vai, minha querida?

NALIM LEVANTA-SE E FAZ UMA REVERÊNCIA.

Nalim: — Cheia de tarefas para realizar, meu senhor.

Omar: — Pois pode tirar uma folga, agora que estou aqui.

Nalim: — Cortiah ficará brava comigo, meu senhor.

Omar: — Pouco me importa a opinião dela. Eu ordeno que abandone o trabalho e me acompanhe.

OMAR PUXA NALIM PELA MÃO.

Nalim: — Mas para onde o senhor está querendo me levar?

Omar: — Para os meus aposentos. Onde mais?

Nalim: — Não estou compreendendo, senhor.

Omar: — Não se faça de tola. Nós fizemos um trato, lembra-se? Eu cumpri a minha parte e, agora, você deve cumprir a sua.

Nalim: — Os sentimentos do coração não são como negócios de Estado, meu senhor. Pensei que desejasse o meu afeto sincero.

Omar: — Não brinque comigo, Nalim. Já não sou mais uma criança.

Nalim: — Está claro que não, meu senhor.

Omar: — Se está pensando em me envolver em mais um dos seus joguetes, pode desistir, minha cara. Eu vim cobrar o que me é devido. E se não puder conquistar o seu afeto, me contentarei com o seu corpo.

Nalim: — Eu não estou pronta. Eu preciso... pensar.

Omar: — Pois então feche os olhos e pense em mim.

OMAR DÁ UM BEIJO FORÇADO EM NALIM, QUE PROCURA ESQUIVAR-SE.

ENTRA PÉCOS.

Pécos: — O que está acontecendo aqui?

OMAR LARGA NALIM E FAZ UMA REVERÊNCIA PARA PÉCOS. NALIM TAMBÉM SE CURVA.

Omar: — Como tem passado, meu senhor? Vejo que seu estado de saúde está bem melhor.

Pécos: *(Irritado)*

— Desde quando meus homens induzem escravas a manterem relações amorosas?

Omar: (*Espantado*)

— Não me parece que tal atitude seja uma grande novidade, meu senhor.

Pécos: — Isso só serve para afastá-las de suas obrigações. Não admito esse tipo de atitude em minha casa.

Nalim: — Sinto muito, meu senhor. Com a sua licença.

NALIM SAI, APRESSADA.

Omar: — Se me permite, meu senhor... Nós somos amigos, lembra-se?

Pécos: — Nossa amizade não lhe dá o direito de afastar-se das regras.

Omar: — Eu não seria o primeiro nobre do Egito a manter um relacionamento com uma bela escrava.

Pécos: — Pois eu o proíbo. De hoje em diante, não quero vê-lo conversando com ela. Contente-se com as mulheres da nossa classe.

Omar: — Meu caro Pécos, confesso que não estou compreendendo a sua atitude. Durante anos, nós lutamos juntos à frente do exército. Foi tempo suficiente para conhecer as suas regras de conduta. Eu poderia, agora mesmo, enumerar as muitas vezes em que o senhor dormiu com escravas capturadas.

Pécos: — Eu não estava em minha casa.

Omar: — Quer dizer que o senhor me proíbe?

Pécos: — Foi exatamente o que eu disse.

Omar: — O faraó fez com que o senhor se tornasse comandante supremo dos exércitos. Por esse motivo, eu lhe devo respeito. Mas devo lembrá-lo de que também sou um general de grande poder.

Pécos: — O que está insinuando?

Omar: — A política, meu amigo, é tão incerta quanto o mar revolto. Num dia, alguns estão mandando. No outro dia, outros. Hoje, curvo-me à sua estranha vontade. Mas amanhã...

Pécos: — Isso é algum tipo de ameaça?

Omar: — Entenda como quiser. Com a sua licença, meu senhor.

OMAR FAZ RÁPIDA REVERÊNCIA E SAI.

Pécos: (*Sozinho, a si*)

— Meu Deus, o que estou fazendo?... Eu não deveria criar problemas com os meus generais... Omar é poderoso, um aliado importante... E briguei com ele por causa de uma escrava!... Uma simples escrava!... Mas é que ela... é tão bonita... Não consigo esquecer o seu rosto...

CENA 23

PRISÃO.

TILAT ESTÁ CAÍDO NO CHÃO EM UM CANTO. ENTRA SOLIAS E O CHUTA.

Solias: — De pé, porco! De pé! Vamos lá, seu verme! Está surdo, por acaso?

Tilat: — Por que não me deixa em paz? Será que não se cansa de me atormentar?

Solias: — Hoje você tem uma visita. É pena que não seja o carrasco.

ENTRA PÉCOS.

Tilat: — Mas é Pécos, em pessoa!

SOLIAS DÁ UM SAFANÃO EM TILAT.

Solias: — Não pronuncie o nome do nosso senhor com esta língua imunda!

Pécos: — Já basta, Solias. Então, aí está o nosso rebelde. Quero que você saiba, Tilat, que a minha vontade era matá-lo com minhas próprias mãos. Infelizmente, agora não me é dado desfrutar desse prazer. Sua liberdade foi trocada pela vida de minha noiva.

Tilat: *(Emocionado)*

— Os deuses escutaram as minhas preces.

Pécos: — Minhas mãos estão atadas. Não tenho outra saída a não ser conceder-lhe a liberdade. Mas quero que saiba que meu ódio o acompanhará. Vou encontrar você e o bando de Rabonat, nem que tenha que revolver o mundo inteiro. E, nesse dia, acertaremos as nossas contas. Pode acreditar.

Tilat — De qualquer forma, quero que o senhor saiba que nossa luta nunca foi contra a sua pessoa, mas contra a escravidão. Somos rebeldes porque acreditamos num mundo onde seres humanos não precisem mais ser reduzidos à condição de objetos. Onde os homens possam ter as mesmas oportunidades e lutar, de forma justa, pelos seus ideais.

Pécos: — Vocês sonham com um mundo impossível.

Tilat: — Isso não é verdade, meu senhor. O exército rebelde está crescendo a cada dia. Mais cedo ou mais tarde, estará forte o suficiente para derrubar o faraó.

Pécos: — Você está sonhando. Os rebeldes do deserto não passam de uma corja de escravos fugidos.

Tilat: — Mas Rabonat conta com uma arma que os nobres não possuem: o amor do povo. Ele é um herói, meu senhor!

Pécos — Não quero ficar ouvindo essas tolices. Solias acompanhará você até os portais do palácio. Dali em diante, você poderá seguir em total liberdade. Quero que vá imediatamente ao encontro do seu chefe. Se minha noiva não estiver de volta até amanhã...

Tilat: — Não se preocupe. Não ganharíamos nada com a morte da moça. Se Rabonat prometeu que a devolveria, então, sem dúvida, ela voltará.

Pécos: — Faça como ordenei, Solias. E tire este verme da minha vista.

CENA 24

QUARTO NO PALÁCIO DE PÉCOS.

CORTIAH, NALIM E SOLIMAR COSTURAM ALGUMAS ROUPAS.

Cortiah: — Vou beber água e volto num minuto. Continuem o serviço, por favor.

As duas: — Sim, senhora.

CORTIAH SAI.

Nalim: *(Baixo, a Solimar)*

— Chegou o momento, minha amiga. Fiquei sabendo que o rebelde Tilat está sendo libertado hoje.

Solimar: — E o que tem isso, Nalim?

Nalim: — Você sabe que eu tinha arquitetado um plano para ajudá-lo. Mas, agora, o destino está tornando as coisas ainda mais fáceis. O próprio Pécos está permitindo que ele vá embora.

Solimar: — Não vá me dizer que você está pensando em fugir com ele?

Nalim: — E por que não? Eu tinha a intenção de ajudá-lo, não tinha? Agora, nada mais justo do que pedir que ele me ajude. Vamos comigo, minha amiga. Vamos fugir deste inferno.

Solimar: — Eu não posso ir com você, Nalim. Sinto que devo permanecer aqui.

Nalim: *(Nervosa)*

— Mas por quê?

Solimar: — Não tenho mais nada pra fazer em outro lugar. Já não há mais ninguém esperando por mim.

Nalim: — Mas e sua mãe?

Solimar: — Ela morreu.

Nalim: — Como é que você sabe?

Solimar: — Eu a vi. Na noite passada. Ela veio se despedir de mim.

Nalim: — Isso é ilusão sua. Foi só um sonho! Vem comigo, minha amiga. Eu imploro!

Solimar: *(Decidida)*

— Ela disse que eu deveria permanecer aqui.

Nalim: — Você enlouqueceu! Por que ficar neste lugar horrível?

Solimar: — Que tal... por amor?

Nalim: *(Espantada)*

— Eu não acredito... não vá me dizer que você se apaixonou.

Solimar: — Será que agora isso se tornou um pecado?

Nalim: *(Brava)*

— Apaixonou-se por um nobre, não é verdade? Pelo irmão de Pécos, Jasar!

Solimar: — E o que tem? Ele é um homem diferente, Nalim.

Especial. E eu sinto, minha amiga, que ele também me ama.

Nalim: — Mas vocês nunca vão poder ficar juntos! É impossível!

Solimar: — Eu sei. Mas não consigo explicar isso para o meu coração. Vá você, Nalim. Eu estarei aqui, rezando pela sua felicidade.

Nalim: — Eu irei. E, mesmo que a vida jamais volte a nos unir, quero que saiba que serei, para sempre, sua amiga sincera. Você sempre estará no meu coração, como um exemplo querido de bondade. Uma bondade que me amparou nas horas mais amargas de minha vida.

EMOCIONADAS, AS DUAS SE ABRAÇAM.

CENA 25

QUARTO DE OSIAT, NO PALÁCIO DE PÉCOS.

OSIAT ESTÁ EM UM DIVÃ, ASSISTIDO POR JASAR.

Jasar: — O senhor deve procurar ficar calmo, meu tio.

Osiat: *(Nervoso)*

— Mas e se o patife não cumprir com a sua parte do trato? Rabonat é um assassino. Já tentou contra a vida de Pécos. Talvez não hesite em ferir minha filha.

Jasar: — O senhor corre muito mais perigo do que ela permanecendo assim, agitado. Eu já lhe expliquei sobre o seu coração, meu tio.

Osiat: — Prefiro mil vezes a morte a imaginar que possam magoar minha pequena princesa. Se alguma coisa acontecer a ela, eu lhe juro que irei pessoalmente atrás daqueles facínoras. Passarei cada um deles a fio de espada. (*chora*) Ah, minha querida Otias... Minha joia mais rara... O que seria da minha vida sem a sua presença encantadora?

ENTRA PÉCOS.

Pécos: — O pesadelo chegou ao fim. Otias está a salvo.

Osiat: — Ela está aqui?

Pécos: — Sim, meu tio. Não sofreu nem mesmo um arranhão.

Osiat: — Louvado seja o grande Amon. Onde ela está?

ENTRA OTIAS.

Otias: — Estou aqui, meu pai... Está tudo bem agora.

OTIAS E OSIAT CORREM A SE ABRAÇAR.

Osiat: — Diga que não a agrediram, meu amor. Que não tocaram em um só fio dos seus cabelos.

Otias: — Não se preocupe, papai. Não aconteceu nada comigo. Apenas me mantiveram presa.

Osiat: — Isso é maravilhoso... Jamais permitirei que a afastem de mim novamente.

Otias: *(A Jasar)*

— E meu primo? Como tem passado?

Jasar: — Agora melhor, ao vê-la em segurança.

Otias: — Graças ao meu querido noivo. Mesmo ferido, cuidou de tudo para me salvar.

OTIAS ABRAÇA E BEIJA PÉCOS.

Pécos: — Eu a salvaria ainda que estivesse à beira da morte.

Otias: — Ah, meu querido amor... A única retribuição que posso lhe dar é a certeza de minha fidelidade.

Pécos: — Isso é tudo quanto me basta. Creio que, agora, já podemos marcar a data do nosso casamento.

Osiat: — Junto com todas as minhas bênçãos.

CENA 26

SALA NO PALÁCIO DE PÉCOS.

PÉCOS E OMAR BEBENDO VINHO.

SOLIAS COM ELES.

Pécos: *(Irritado)*

— Isso é inadmissível!

Solias: — Não sabemos como aconteceu, senhor. A escrava simplesmente sumiu.

Omar: — Nalim sempre foi uma escrava diferente das outras. Não me espanta que tenha fugido.

Pécos: — É bem possível que tenha sido auxiliada por Tilat, aquele canalha traidor. A essas horas, já deve ter se juntado ao bando de Rabonat.

PÉCOS BEBE VINHO.

Omar: — Mas nós a encontraremos, meu senhor. Eu me encarregarei disso pessoalmente.

Pécos: — É bom mesmo. Os malditos rebeldes fazem tudo para nos desmoralizar. Se começarem, agora, a levar os nossos escravos, estaremos perdidos.

PÉCOS BEBE MAIS.

Omar: — Ela foi muito esperta para conseguir atravessar a guarda do palácio.

Pécos: — Começo a desconfiar que os rebeldes possuem aliados até mesmo aqui dentro. Não sei onde isso pode terminar, meu amigo. Enquanto contam com o apoio de uma parte do povo, não há nenhum problema. Mas quando começam a conseguir aliados entre os soldados e até mesmo na nobreza... aí nosso poder começa a ficar seriamente ameaçado.

PÉCOS BEBE MAIS.

Omar: — Pois aposto que não conseguirão nada. Se existirem traidores, logo serão descobertos e sua única recompensa será a morte.

Pécos: — Devemos preparar um ataque maciço. Estou certo de que o faraó concordará. Invadiremos o território deles e os trucidaremos.

Omar: — Não é tão fácil, meu senhor. Eles sabem bem como se esconder e não podemos avançar sem rumo pelo deserto.

Pécos: — Malditos!... Ainda me vingarei. Juro que...

PÉCOS BEBE MAIS E SE SENTE TONTO.

Omar: — Está sentindo alguma coisa, meu senhor?

Pécos: — Está tudo bem... Senti uma tontura estranha... Devo estar cansado... Mas, como eu dizia... Não permitirei mais que nos provoquem... Aquele cão chamado Rabonat será enforcado... Assim que eu colocar as minhas mãos sobre ele...

PÉCOS SENTE A TONTURA DE NOVO.

Pécos: — Acho que estou com um pouco de sono.

Omar: — Por que, então, não se retira para seus aposentos, meu senhor?

Pécos: — Vou fazer isso mesmo... Você cuida de tudo, meu bom Omar.

Omar: — Com prazer, meu senhor.

Pécos: *(Tonteado)*

— Devemos tentar descobrir onde se escondem os rebeldes... E o lugar para onde levaram Nalim... Ela deve ser salva de qualquer maneira.

Omar: — Salva, meu senhor?

Pécos: — Capturada, quero dizer... Acho que estou mesmo indisposto... Eu vou para o meu quarto...

PÉCOS TENTA SE LEVANTAR E CAI SENTADO DE NOVO.

Pécos: — Mas o que está acontecendo?

Omar: — Está tudo bem, meu amado senhor?

Pécos: *(Completamente zonzo)*

— Eu... estou... com muito... sono...

PÉCOS DESMAIA, DESABANDO SOBRE A MESA.

Omar: *(A Solias)*

— O remédio fez efeito. Finalmente, podemos nos livrar dele. (*a Pécos adormecido*) Ninguém pediu que você se colocasse em meu caminho, Pécos. Agora o faraó será obrigado a entregar o poder a quem realmente merece... Eu! (*ri, a Solias*) Você compreendeu as ordens, não é, Solias?

Solias: — Sim, meu senhor.

Omar: — Seja bastante discreto. Abandone-o no deserto durante a madrugada. Quando o dia amanhecer, é bem possível que ele seja encontrado pelos rebeldes. Caso contrário, que morra perdido nas areias escaldantes.

Solias: — Se o encontrarem, ele vai conhecer o esconderijo de Rabonat antes do que sonhava.

Omar: — Só que, dessa vez, o prisioneiro será ele.

Solias: — Sua inteligência me encanta, meu senhor.

Omar: — Quando eu estiver no lugar dele, como comandante supremo, não me esquecerei da sua recompensa, meu bom Solias. E garanto a você que, a partir desse dia, o exército do faraó se tornará muito mais eficaz. Em pouco tempo, destruiremos Rabonat e toda a sua corja.

Solias: — Inclusive a nossa escrava fugitiva.

Omar: — Não. Para essa tenho outros planos. Quero ela de volta.

Solias: — Permite que lhe pergunte por que, meu senhor?

Omar: — Ela tem uma dívida comigo que precisa ser cobrada. Não descansarei enquanto não me pagar. Agora, cuide de tudo.

SOLIAS FAZ UMA REVERÊNCIA E OMAR SAI.

CENA 27

MUTAÇÃO DE CENÁRIO PARA O DESERTO.

Lucius: *(Off)*

— Conforme prometera, Solias, acobertado pela noite, levou Pécos para o deserto. Como Omar havia previsto, em pouco tempo, o grande general foi encontrado pelos rebeldes e levado para um lugar secreto, na imensidão das areias. Era ali o esconderijo de seu maior rival: o herói do povo, Rabonat. A morte parecia certa para o jovem militar, mas Deus, que a tudo assiste, considera que o mais importante é o aprendizado, o desenvolvimento espiritual de cada um de seus filhos. Pelas mãos de Nalim, que a essa altura já se unira ao bando de rebeldes, Pécos deveria aprender uma lição que o transformaria pelo resto de sua vida.

CENA 28

DESERTO.

PÉCOS ESTÁ AMARRADO DENTRO DE UMA TENDA.

COM ELE, ESTÃO RABONAT, TILAT, NALIM E UM GRUPO DE REBELDES.

Tilat: *(A Rabonat)*

— Quando o mataremos?

Rabonat: — Logo.

Pécos: — Por que você não me mata de uma vez, Rabonat? Se está esperando que eu implore pela minha vida, desista! Vivi como um soldado e morrerei como um!

Rabonat: — De nada vale agora sua valentia, Pécos! Vale ainda menos que a sua vida de injustiças e covardias! Em pouco tempo, você não será mais nada. Não merecerá nem mesmo a nossa lembrança. Jogaremos seu cadáver no deserto para que seja pasto das aves e dos cães. E, então, o que será do grande general? Quem se importará com a sua história vergonhosa? Você não será nada, Pécos! Nada!

Pécos: — Então acabe com isso! Quem sabe, desta vez, seu punhal seja mais certeiro.

Rabonat: — Dei a você a chance de uma morte rápida. Mas você a desperdiçou e, agora, será muito pior. (*aos outros*) Se ele deve pagar pelos seus crimes, que seja com sofrimento! Vamos torturá-lo! Vamos quebrar seus ossos a pedradas... um a um até a morte!

Rebelde: — É isso mesmo! Vamos fazer com que ele sofra!

Nalim: (*Adianta-se*)

— Esperem! Esse ainda é um castigo leve demais para Pécos!

Rabonat: — Do que está falando, mulher? Ele vai se arrepender de ter conhecido a luz do Sol.

Nalim: — A dor talvez o desespere, mas não fará com que se arrependa. A única forma de fazer com que sinta o quanto nos feriu é atacando sua alma, não sua carne.

Rabonat: — E que castigo seria assim tão completo?

Nalim: — Vamos fazer com que se torne um escravo! Fazer com que passe pelas mesmas provações que nos impôs. Longe de sua família, de sua pátria! Sem nenhum direito e nenhuma dignidade!

Tilat: — Ela está certa, Rabonat. Vamos desmoralizá-lo. Vamos ver se, nas masmorras, ele conseguirá manter essa pose de grande senhor.

Nalim: — Quebrar a sua vaidade produzirá um efeito muito mais profundo do que quebrar-lhe os ossos.

Rabonat: — Talvez vocês estejam certos. Mas como poderíamos escravizá-lo nesta região? Ele é conhecido em todo o Egito e, logo, seria libertado.

Nalim: — Meus pais, como já lhes contei, são nobres e poderosos. Residem em Nínive, na Assíria. Tenho certeza de que pagarão um bom preço por esse escravo.

Tilat: — Lá não haveria o perigo de ele ser reconhecido.

Rabonat: — Pois que seja! A humilhação do cativeiro será melhor castigo do que a morte.

CENA 29

MUTAÇÃO DE CENÁRIO.

EM UM DOS LADOS DO PALCO, UMA SALA NO PALÁCIO DE NALIM, NA ASSÍRIA. DO OUTRO LADO, UMA SALA NO PALÁCIO DE PÉCOS, EM TEBAS.

Lucius: *(Off)*

— Deus, que é todo poder e bondade, jamais deseja o mal para seus filhos. Pécos deveria experimentar o sofrimento para que, através da dor, tivesse a chance de fazer aflorar o lado bom de sua alma. Nalim, mesmo sem o saber, trazia para ele a oportunidade de um grande crescimento espiritual e permitia que, pela primeira vez, aquele homem tão altivo tivesse a chance de escapar de seu trono dourado de vaidade e de poder.

CENA 30

SALA NO PALÁCIO DE NALIM, NA ASSÍRIA.

RABONAT, TILAT E O BANDO DE REBELDES VIGIAM PÉCOS, QUE ESTÁ ACORRENTADO. NALIM SE ADIANTA PARA ENCONTRAR O PAI.

Nalim: — Pai!

Salil: — Nalim!

NALIM E SALIL SE ABRAÇAM, EMOCIONADOS.

Salil: — Minha filha querida! Minha criança adorada! Quando disseram que você estava aqui, pensei que tivesse enlouquecido. Não conseguia acreditar em meus próprios ouvidos.

Nalim: — Mas estou aqui, papai. Eu tive tanta saudade!

Salil: — E eu também, meu amor. Pensei que não a veria nunca mais. Nós pensamos que você estivesse morta, minha filha.

Nalim: — Onde está a mamãe? Eu quero vê-la.

Salil: *(Triste)*

— Sua mãe não resistiu ao choque que sentimos quando você foi raptada. Assim que você desapareceu, ela ficou muito doente, Nalim. (*chora*) Morreu dizendo seu nome, minha filha. Agarrada às minhas mãos, implorando por vê-la! E eu não pude... Simplesmente não pude atender à sua última vontade. Eu me senti... tão fraco... tão impotente...

Nalim: *(Revoltada)*

— Morta... Eu não consigo acreditar no que estou ouvindo!

NALIM AVANÇA PARA PÉCOS. TILAT A SEGURA.

Nalim: — Assassino! Covarde! Assassino de minha mãe! Você há de me pagar por isso! Vou dedicar minha vida inteira a fazê-lo sofrer! E tudo o que você sofrer ainda será pouco para descontar o muito que me deve!

Pécos: — Jamais tive a intenção de matar sua mãe! Não pode me culpar por isso!

Salil: — Então é este o responsável pelos nossos tormentos! Por que não me disseram antes? Ordenarei que seja morto imediatamente.

Nalim: — Não, meu pai. Não quero que ele morra. Prefiro que esteja vivo, porque assim poderemos castigá-lo a todo instante. Quero vê-lo curvado, implorando por caridade. (*a Pécos.*) Vamos lá, escravo! Ajoelhe-se diante da sua senhora!

RABONAT EMPURRA PÉCOS. ELE CAI DE JOELHOS.

Pécos: — Preferia mil vezes a morte a ter de me rebaixar perante você.

Nalim: — As masmorras logo ensinarão a ser mais respeitoso. Levem-no!

OS REBELDES ARRASTAM PÉCOS PARA FORA DE CENA.

CENA 31

SALA NO PALÁCIO DE PÉCOS, EM TEBAS.

OMAR, JASAR, OSIAT E OTIAS.

Jasar: — Mas como ele foi raptado? Como é que os guardas não perceberam nada?

Omar: — Não é a primeira vez que Rabonat e sua corja invadem o nosso palácio. Tudo que sei é que estávamos conversando e bebendo um bom vinho tinto quando, de repente, comecei a sentir minha cabeça pesada. Percebi que deviam ter colocado alguma coisa em nossa bebida. Ainda tentei avisar os guardas, mas, antes que pudesse fazer qualquer coisa, desmaiei. Quando recuperei a consciência, nosso amado Pécos já havia sido raptado.

Osiat: *(Nervoso)*

— Os deuses estão nos colocando à prova,

só pode ser isso. Estão querendo testar a nossa fé.

Jasar: — Procure não ficar agitado, meu tio. Vamos encontrar uma solução.

Omar: — Coloquei quarenta homens atrás dos raptores, mas, até agora, não recebemos nenhuma notícia.

Jasar: — Talvez tenham a intenção de pedir um resgate, como no caso do rapto de Otias.

Osiat: — Ou, então, vão matá-lo! Ele é um dos maiores conquistadores do exército egípcio. Esses bandidos o odeiam.

Jasar: — Calma, tio.

Osiat: — Como posso ficar calmo? Há pouco tempo ele já foi esfaqueado, não foi? Por que haveriam de poupá-lo agora?

Jasar: — A única coisa que podemos fazer é manter a calma e esperar.

Otias: *(Explode)*

— Esperar? É essa a sua posição? Enquanto meu noivo está perdido em algum lugar do deserto, nas mãos dos piores assassinos, você vem falar em esperar?

Jasar: — Talvez minha prima tenha uma ideia melhor.

Otias: — Vão matá-lo, Jasar! Será que não percebe? Nunca voltaremos a vê-lo!

Jasar: — Meu irmão é um homem inteligente. Saberá negociar com Rabonat.

Omar: *(Fingindo tristeza)*

— Pécos é o meu melhor amigo, vocês sabem disso. E eu me sinto um pouco responsável... Talvez, se não tivesse desmaiado, poderia tê-lo ajudado a se defender dos invasores.

Jasar: — Você não teve culpa, Omar. Nós todos sabemos que você é um homem de total confiança.

Omar: — Obrigado.

Osiat: — Não estou me sentindo bem. Minha vista está ficando escura.

Jasar: — Eu o avisei para que não ficasse muito nervoso, meu tio. (*a Otias*) É melhor levá-lo para o quarto. Depois que descansar um pouco, irei examiná-lo.

OTIAS AMPARA OSIAT.

Osiat: — Você vai encontrar meu sobrinho, não vai, Omar? Diga que vai encontrá-lo.

Omar: — Farei tudo que estiver ao meu alcance, senhor.

OTIAS SAI, LEVANDO OSIAT.

CENA 32

SALA NO PALÁCIO DE NALIM, NA ASSÍRIA.

NALIM E SEU PAI, SALIL.

Nalim: — Sei que o senhor ficou feliz com a minha volta, meu pai. Mas sinto que alguma coisa o preocupa. Por que não me conta o que é?

Salil: — Muitas coisas mudaram depois que você se foi, minha filha, e principalmente depois de eu ter perdido a sua mãe. Nosso imperador é um homem extremamente ambicioso. Tem uma sede insaciável por novas conquistas e preocupa-se mais com a guerra do que com o bem-estar do povo.

Nalim: — Realmente, é uma pena. Mas em que isso nos afeta diretamente? O senhor é um homem tão rico.

Salil: — É verdade, minha querida. Mas não consigo ser feliz vendo tantas injustiças. Gostaria que outros tivessem as mesmas comodidades que eu.

Nalim: — O senhor é um homem bom, meu pai. Mas é por se preocupar com os outros que está triste, então?

Salil: — Não. Estou preocupado com você, meu amor. Você sabe que jamais me envolvi em política, Nalim. Mas, quando me vi sozinho, sem minha mulher, sem você, minha vida ficou tão sem sentido. Acabei descobrindo uma nova razão pra viver me envolvendo em um movimento político que... Como vou lhe explicar?...

Nalim: — Não vá me dizer que o senhor entrou para um grupo revolucionário.

Salil: — É isso mesmo, minha filha. Nosso grupo procura uma forma de derrubar o imperador e, em seguida, deseja governar a Assíria de uma maneira justa.

Nalim: *(Nervosa)*

— Mas os traidores são enforcados, meu pai!

Salil: — Quando estava sozinho, pouco me importava a forca. Mas agora que você voltou, minha princesa, temo pela sua segurança. Não sei exatamente como agir.

Nalim: — O senhor precisa abandonar esse movimento imediatamente.

Salil: — Não posso fazer isso. Simplesmente seria morto por esse grupo secreto, em vez de ser enforcado pelo imperador. O resultado seria o mesmo.

Nalim: — Pois se é assim, não há outro remédio. Teremos de enfrentar a situação. Se formos discretos, ninguém descobrirá o seu envolvimento.

Salil: — Talvez você ficasse mais segura em outro lugar.

Nalim: — Não vou abandoná-lo agora, depois de tudo que fiz para reencontrá-lo. Nada vai me afastar de você de novo, meu pai. Nada!

Salil: — Espero que esteja certa, meu amor.

SALIL E NALIM SE ABRAÇAM.

CENA 33

JARDIM DO PALÁCIO DE PÉCOS.

JASAR ESTÁ SOZINHO, TRISTE E PENSATIVO.

CHEGA SOLIMAR.

Solimar: — Ah, o senhor está aí. Todos se preocuparam com sua ausência no jantar.

Jasar: — Não tenho o menor apetite, Solimar. Infelizmente, o ambiente deste palácio anda muito deprimente desde que meu irmão foi raptado.

Solimar: — É verdade, meu senhor. Desculpe por vir incomodá-lo. Eu já vou deixá-lo a sós.

SOLIMAR VAI SAINDO.

Jasar: — Não, por favor. Fique um pouco comigo. Sente-se aqui ao meu lado.

SOLIMAR, TIMIDAMENTE, SENTA-SE AO LADO DE JASAR.

Jasar: — E, por favor, não recomece a me chamar de senhor. Hoje estou precisando do apoio de uma pessoa amiga. Você entende, não é?

Solimar: — É claro que sim. Mas acho que você não deve se deixar abater desta maneira, Jasar. É preciso sempre manter a esperança.

Jasar: — Eu sei. Mas é que, além do desaparecimento de Pécos que, por si só, já é uma coisa terrível, começaram a acontecer outros problemas, uns se sobrepondo a outros. Meu tio piorou novamente e eu estou muito preocupado com sua saúde. Otias também caiu em uma apatia nervosa que nada consegue amenizar. E, no meio disso tudo, estou me sentindo tão sozinho... É difícil manter a confiança quando se está só.

Solimar: — Desculpe se estou sendo sincera demais, mas você não está sozinho.

Jasar: *(Com ternura)*

— Tem razão. Você está comigo, não é verdade?

Solimar: *(Tímida)*

— Minha condição de escrava não permite que nos vejamos muito. Mas, ainda assim, estou sempre contigo em pensamento. Eu me preocupo muito com a sua felicidade...

Jasar: — Solimar, olhe para mim. Quero ver os seus olhos.

OS DOIS TOMAM-SE AS MÃOS E SE ADMIRAM, APAIXONADOS.

Jasar: — Eu a amo, Solimar! Você sabe disso, não sabe?

Solimar: — Eu também o amo demais.

ELES NÃO RESISTEM E SE BEIJAM LONGAMENTE.

Jasar: — Sabe, desde o começo eu me apaixonei por você... E quanto mais a conhecia, mais encontrava motivos para amá-la. Agora, não quero que nada nos afaste.

Solimar: — Mesmo que, de hoje em diante, minha vida seja só tristezas, tudo será compensado pela alegria que estou sentindo agora.

Jasar: — Por favor, não pense em coisas tristes. Juro que a protegerei contra o que quer que seja. De hoje em diante, minha felicidade será a sua. Solimar... Você quer casar comigo?

Solimar: — Mas eu sou uma escrava!

Jasar: *(Decidido)*

— Não importa. Falarei com o faraó e pedirei pela sua liberdade. Se isso não for possível, fugirei com você. Nós vamos vencer todos os obstáculos, Solimar, eu prometo. Sei que o amor pode vencer qualquer coisa! E, então, nós vamos viver uma vida maravilhosa juntos. Só eu e você... Diga que aceita casar comigo. É tudo o que preciso ouvir.

Solimar: — Sim, é claro que aceito, meu amor. É o que eu mais desejo na minha vida!

BEIJAM-SE CARINHOSAMENTE.

CENA 34

PRISÃO DO PALÁCIO DE NALIM, NA ASSÍRIA.

PÉCOS, EXAUSTO, CAÍDO EM UM CANTO. ENTRA NALIM PROTEGIDA POR UM SOLDADO.

Nalim: — De pé, escravo! Não está ouvindo a minha ordem? De pé!

PÉCOS NÃO SE MOVE.

Nalim: — Por que ele não responde?

Jubar: — Está exausto, senhora. Tem sido torturado desde que chegou aqui. Além disso, não recebe quase nada para comer.

Nalim: *(Preocupada)*

— Mas por que tanta crueldade?

Jubar: — É esse o tratamento que damos para essa escória.

Nalim: — Mas existe o perigo de que ele morra?

Jubar: — Pode acontecer... Se a senhora quiser, existem formas de acelerar esse processo.

Nalim: — Não. Ao contrário. Ordeno que parem imediatamente de torturá-lo. Não tenho a menor intenção de vê-lo morto.

Jubar: — Com todo o respeito, minha senhora... Me disseram que ele era um grande inimigo de sua família. Uma pessoa que a senhora odiava.

Nalim: *(Atrapalhada)*

— E realmente o odeio... Mas não sou uma assassina. Não quero que ninguém seja tratado assim dentro deste palácio. De hoje em diante, não deve haver mais torturas aqui dentro.

Jubar: — Sim, minha senhora.

Nalim: — É tempo de arrumarmos um serviço para ele. Coloque-o para trabalhar nos estábulos.

Jubar: — Assim será feito, senhora.

Nalim: — Mas antes permita que tome um banho e se alimente. Ele pode começar a trabalhar pela manhã.

Jubar: — Sim, senhora.

NALIM FAZ UM GESTO E O SOLDADO SE AFASTA.

Nalim: *(A si)*

— Por que não deixei que ele morresse de uma vez?... O que foi que me impediu?... A verdade é que somos tão parecidos... A única diferença é que, agora, sou a senhora e ele o escravo... Se tudo fosse diferente... se a situação fosse outra, talvez pudéssemos não ter tanto ódio um do outro... Mas não sei por que me compadeço dele... me trouxe tantos sofrimentos... tanta tristeza... É muito justo que ele sofra também!

TRISTE, NALIM VAI SAINDO DA PRISÃO.

CENA 35

QUARTO DE OSIAT, NO PALÁCIO DE PÉCOS, EM TEBAS.

OSIAT ESTÁ NA CAMA, À BEIRA DA MORTE. SOLIMAR E OTIAS ESTÃO CUIDANDO DELE.

CORTIAH ENTRA, ACOMPANHADA DE JASAR.

Cortiah: *(Nervosa)*

— Ele piorou muito, meu senhor. Não sei mais o que fazer para ajudá-lo.

Jasar: — Calma. Vamos examiná-lo.

JASAR TOMA A TEMPERATURA DE OSIAT.

Jasar: — Já faz muito tempo que ele está com esta febre?

Solimar: — Desde a madrugada. Já usei todos os métodos que conhecia, mas não consigo fazer a febre ceder.

Jasar: — Há quanto tempo está inconsciente?

Solimar: — Não muito. Em alguns momentos recupera a consciência. Depois, volta a desmaiar.

Otias: — Você vai salvar o meu pai, não vai, Jasar?

Jasar: — Vou fazer o possível. Mas a vida dele não está nas minhas mãos. Está nas mãos de Deus.

Otias: — Você está dizendo isso porque ele vai morrer, não é? Por que não me diz a verdade?

Jasar: — O estado dele não é nada bom, Otias. Os remédios já não estão fazendo efeito. Mas não devemos perder a fé.

Otias: *(Com desprezo)*

— A fé! Cuspo na sua fé! De que é que ela adianta?! Ontem mesmo ordenei que sacrificassem uma dúzia de bois em homenagem a Osires. E de que serviu? Meu noivo continua desaparecido e, como se não bastasse, meu pai está à beira da morte!

Jasar: — Talvez Osires preferisse ouvir uma prece, em vez de ganhar um sacrifício.

Otias: — Mas eu rezei. Eu rezei e de nada adiantou.

Solimar: — Se a senhora me permite uma opinião... Algumas vezes os desígnios de Deus estão além do nosso entendimento. Nós julgamos que estamos sendo injustiçados ou traídos, mas no fundo tudo o que acontece é sempre para o nosso bem. E só acontece para nos fazer crescer. Não quer dizer que Deus não tenha escutado a sua prece.

Otias: — Quem foi que lhe pediu a opinião? Vocês, escravas, são tão odiosas. E ainda mais quando não sabem se colocar em seus lugares.

Jasar: — Por que tem que ser tão rude, Otias? Tudo que ela está querendo fazer é ajudá-la!

Otias: — Dispenso a ajuda deste tipo de gente.

Osiat: *(Acorda, gemendo)*

— Jasar... Jasar...

Jasar: — Calma, meu tio. Está tudo bem. Eu estou aqui.

Osiat: — Eu estou morrendo, não estou?

Jasar: — Não, não está. O senhor ainda vai viver muito.

Osiat: — Não é preciso que me engane. Eu sei que minha vida está chegando ao fim. Onde está Otias?

Otias: — Estou aqui, papai.

Osiat: — Ah, minha criança encantadora... Minha joia preciosa...

Otias: — Calma, papai. O senhor vai melhorar logo. Vai ver.

Osiat: *(Ofegante)*

— Não. Já não tenho muito tempo. Ouça, Jasar... Minha filha vai ficar só no mundo. Ela é apenas uma criança. Você vai ser o seu único amparo e a sua única proteção. Não permita que ela passe por nenhuma necessidade.

Jasar: — O senhor pode contar comigo, tio. Eu cuidarei dela como se fosse minha irmã.

Osiat: *(Ofegante)*

— Não. Isso não basta... Juro que não me incomodaria com a morte se Pécos ainda estivesse aqui. Mas, agora que ele desapareceu, quero lhe pedir algo muito importante.

Jasar: — E o que é?

Osiat: — Quero que se case com Otias no lugar do seu irmão.

JASAR E SOLIMAR OLHAM-SE, ASSUSTADOS.

Jasar: — Eu não posso, tio.

Osiat: — Por que não? Ela é uma princesa, Jasar. Diga... Diga depressa que se casará com ela.

Jasar: — Mas é que eu...

Osiat: — Jure que se casará com ela. Eu lhe imploro. Eu estou perdendo as forças... Por tudo que é sagrado... Jure!...

Jasar: *(Sem alternativa)*

— Está bem. Eu me casarei com ela. Eu juro, tio.

Osiat: — Que Deus... o ilumine...

OSIAT MORRE. JASAR SENTE SEU PULSO.

Jasar: — Ele se foi.

OTIAS SE DEBRUÇA SOBRE OSIAT, CHORANDO.

JASAR E SOLIMAR SE ENTREOLHAM COM TRISTEZA.

A LUZ CAI EM RESISTÊNCIA.

CENA 36

JARDIM DO PALÁCIO DE PÉCOS.

JASAR E SOLIMAR ALI SOZINHOS.

Jasar: — Eu não sei o que lhe dizer, Solimar...

Solimar: — Você não me deve desculpas.

Jasar: — Eu devia ter negado. Devia ter dito que não poderia me casar com ela.

Solimar: — Você não tinha como negar aquele último pedido, Jasar.

Jasar: — Por que não?

Solimar: — Porque você é um homem bom. E se o destino nos impôs essa prova, é porque isso faz parte da nossa missão.

Jasar: — Mas é a você que eu amo! Como poderei ser um bom esposo para ela?

Solimar: — Continue sendo apenas o que é: um homem justo, carinhoso... Sinto que ela o ama, Jasar. Quem sabe, com o tempo, você também comece a sentir afeto por ela.

Jasar: — Mas é você que eu amo! Só você! Como é que você pode aceitar isso tudo com tanta facilidade?

Solimar: — Não fale assim. Não fique achando que não estou sofrendo. É como se uma parte do meu coração tivesse sido arrancada, Jasar. Mas estou lutando para que a minha vida não perca toda a cor, todo o sentido.

Jasar: — Que sentido poderá ter a minha sem o seu amor?

Solimar: — Você nunca esteve nem estará sem ele. Onde quer que você vá, estará levando o meu pensamento e o meu carinho.

Jasar: — Vamos fugir. Por favor. Vamos fugir!

Solimar: — Não. Nós não viemos a esse mundo com o direito de realizar todos os nossos sonhos. Estamos aqui para realizar tarefas, meu amor. Tarefas que nos são impostas por um poder muito maior do que qualquer vontade. Case com Otias. Procure ser para ela um marido bondoso, tolerante, sincero. Eu sei que você pode. Tenho certeza. Esqueça de mim como mulher, mas tenha certeza de que jamais me perderá como amiga.

Jasar: — Ah, minha companheira querida... Eu esperarei. Ainda que pra sempre, eu esperarei por você.

Solimar: — Para sempre é muito tempo, meu amor. Um dia, quando nós menos esperarmos, estaremos livres. Porque sei que, depois da morte, seremos um só no nosso espírito. Nesse dia, então, seguiremos juntos sem que ninguém possa nos separar.

Jasar: — Você é como uma luz a iluminar o meu caminho, Solimar. Eu agradeço tanto por tê-la conhecido. Eu a amo tanto.

NÃO RESISTEM, SE ABRAÇAM E SE BEIJAM COM MUITO SENTIMENTO E AMOR.

Solimar: — Essa foi a nossa despedida, meu amor. De agora em diante, você não é mais livre e não devemos mais nos abraçar. Coragem, meu amigo querido. Enfrenta a sua missão. Case-se com ela e seja feliz. Agora vá. Por favor. Vá!

TRISTE, JASAR SE VAI. SOLIMAR FICA SOZINHA UM TEMPO. ENTÃO, NÃO AGUENTANDO MAIS TANTA EMOÇÃO, PÕE-SE A CHORAR.

CENA 37

PASSAGEM DE TEMPO. ENTRA OFF DE LUCIUS SOBRE AS SEGUINTES CENAS MUDAS:

O CASAMENTO DE JASAR COM OTIAS, REALIZADO PELO FARAÓ.

SOLIMAR SOLITÁRIA E TRISTE.

NALIM PENTEANDO-SE EM FRENTE AO ESPELHO, EM SEU QUARTO, NA ASSÍRIA.

PÉCOS REALIZANDO SERVIÇOS BRAÇAIS, JUNTO A UM GRUPO DE OUTROS ESCRAVOS.

Lucius: *(Off)*

— O vendaval do tempo jamais termina de soprar sobre o deserto árido da vida terrena. Com o passar de alguns anos, muitas coisas se modificaram para os personagens desta história. Apesar de toda a dor que sentiram, Jasar e sua amada Solimar aceitaram a separação que o destino lhes impôs, sabendo que ela era apenas temporária. Eles compreenderam que poucos anos não significam nada, quando comparados com a vida eterna. Apesar daquela triste prova, o amor que sentiam um pelo outro não se abalou e, ao contrário, foi se fortalecendo na forma de uma sincera e poderosa amizade. Jasar casou-se com Otias e, depois de algum tempo, teve um lindo filho chamado Matur, nova alegria e razão de sua existência. Enquanto isso, na Assíria, Nalim e Pécos continuavam sua jornada em busca do aprendizado. Pécos havia mudado tremendamente. A dura realidade da escravidão fizera com que perdesse muito de sua vaidade e ganhasse muito em compreensão. Agora percebia o quanto havia errado, compreendia o mal que tinha feito aos seus semelhantes e, humildemente, se arrependia de suas atitudes passadas. Já Nalim, presa a uma mesquinha ânsia de vingança, não perdia a chance de humilhar o antigo general. Por isso, não conseguia encontrar a paz para seu espírito e vivia nervosa e insatisfeita.

CENA 38

SALA NO PALÁCIO DE NALIM, NA ASSÍRIA.

NALIM SENTADA EM UM DIVÃ. PÉCOS AJOELHADO À SUA FRENTE.

Nalim: — Já disse que não gosto de ser importunada com problemas relativos ao palácio. Eles devem ser tratados com meu pai.

Pécos: — Sei disso, senhora. Na verdade, já o alertei. Mas acredito que o que tenho a dizer tem ligação com a sua segurança.

Nalim: — Como se você se preocupasse com a minha segurança.

Pécos: — Senhora, o passado fez com que criássemos um muro de disputas e diferenças. Mas agora tudo isso deixou de ter importância para mim. No início, confesso que fiquei com muito ódio. Por ter perdido a minha liberdade, por ter sido privado dos meus direitos de nobreza e tudo o mais. Mas, agora... percebo que só estou vivendo os problemas que, um dia, impingi a outras pessoas. Inclusive à senhora. E aprendi a aceitar o que estou passando como um resultado lógico de minhas próprias ações. Já não odeio, senhora. E, ao contrário, já me preocupo em encontrar uma forma de pagar pelo mal que fiz.

Nalim: — Seu cinismo não me convence.

Pécos: — Tudo que quero é alertá-la de um perigo. Depois a senhora que o espere de braços abertos, se assim o desejar. Mas, pelo menos, não poderá me acusar de não tê-la avisado.

Nalim: — Pois então fale de uma vez e pare de me aborrecer.

Pécos: — Tenho trabalhado, como a senhora sabe, na construção do novo armazém de cereais. A fachada do prédio dá para o norte, na direção da cidade de Quinit. Ontem à noite, eu estava descansando na cobertura da construção e a luz da lua cheia iluminava toda a paisagem ao redor do palácio. Foi então que avistei, ao longe, um grupo de homens que se movimentava de modo muito suspeito. Não eram muitos, senhora, mas, em pouco tempo, tinham se dividido em quatro facções, cada uma delas em uma das direções do palácio. Pareciam observar a geografia da região e os caminhos de acesso a esta casa.

Nalim: — E o que isso significa?

Pécos: — Talvez eu esteja enganado, mas minha experiência de guerra diz que esses homens estavam estudando um plano de ataque.

Nalim: — Mas que bobagem é essa? A Assíria não está sendo atacada por nenhum exército. Muito pelo contrário. São as nossas tropas que estão invadindo os territórios estrangeiros. Meu pai mesmo disse que, em pouco tempo, a Assíria poderá dominar todo o norte da África.

Pécos: — Não resta dúvida, senhora. Mas, talvez, não se trate de um ataque a todo o território. Talvez estejam tramando uma invasão dirigida a este palácio.

Nalim: — Quem nos atacaria?

Pécos: — Não tenho ideia, senhora. Mas é bem possível que seu pai possua inimigos. E, se alguma atitude não for tomada, em pouco tempo, eles estarão aqui dentro.

Nalim: *(Preocupada)*

— Inimigos de meu pai?...

Pécos: — O que é mais estranho, senhora, é que eles não pareciam estrangeiros.

Nalim: — Eram homens do imperador...

Pécos: — Mas o que o imperador poderia ter contra seu pai, senhora?

Nalim: *(Nervosa)*

— Isso não lhe diz respeito! Seu escravo imundo!

PÉCOS, OFENDIDO, FAZ UMA REVERÊNCIA E VAI SAINDO. NALIM O INTERROMPE.

Nalim: — Espere! O que meu pai fez a respeito?

Pécos: — Reuniu-se imediatamente com a guarda do palácio, senhora.

Nalim: — Você acredita que conteríamos um ataque?

Pécos: — Se os homens que vi ontem são mesmo da guarda do imperador, então, minha senhora, nem mesmo cem exércitos como o de seu pai seriam suficientes.

Nalim: *(Agitada)*

— O que será de meu pobre pai, meu Deus?

Pécos: — Vim aconselhá-la a fugir, senhora. É o que eu faria em seu lugar.

Nalim: — É claro. É porque você é um covarde!

Pécos: *(Ofendido)*

— Covarde? A senhora é que está confundindo valentia com estupidez.

Nalim: — Não responda para mim! Não se atreva a me enfrentar mais uma vez.

Pécos: — Parece que é só o que fizemos a vida inteira. Mas eu sei muito bem qual é o motivo. A senhora mesma o disse uma vez.

Nalim: — É mesmo? E qual é?

Pécos: — Vivemos nos enfrentando, senhora, porque somos iguais.

NALIM O ESBOFETEIA. PÉCOS CONTROLA-SE.

Pécos: — Tudo o que eu queria era avisá-la de que sua vida corre perigo. Não vou importuná-la mais.

PÉCOS SAI.

Nalim: *(A si)*

— Veio me avisar... Como se ele se importasse com a minha vida. Aposto que me odeia como eu sempre o odiei. Aposto que ficará contente quando esta casa for invadida e matarem todos nós... Deve saber que os traidores do faraó são enforcados. No mínimo, sonha com a morte de meu pai e com a minha... Só não entendo por que veio nos alertar... Se eu não o conhecesse poderia até pensar que é verdade... Que se arrependeu e que se tornou até capaz de realizar... um ato de amizade...

CENA 39

SALA NO PALÁCIO DE PÉCOS, EM TEBAS.

OMAR SENTADO EM UM TRONO. SOLIAS CONVERSA COM ELE.

Omar: — Não posso fazer o que está me pedindo, meu bom Solias.

Solias: — Mas o senhor é o comandante supremo dos exércitos! Só mesmo o faraó o supera em poder, meu senhor. Estou certo de que poderá fazer tudo o que lhe aprouver.

Omar: — Pelo que estou vendo, a escravinha cativou mesmo o seu coração.

Solias: — Solimar é um sonho para mim, senhor. Venho esperando o dia de tocá-la há anos. Tudo que lhe peço é uma autorização para desposá-la.

Omar: — Ainda que contra a vontade dela?

Solias: — E o que importa a vontade dela? É apenas uma escrava. Tem apenas que se submeter ao que determinarmos para ela.

Omar: — Mas, meu caro Solias, a política é muito delicada como você bem sabe. É verdade que Pécos já não nos incomoda mais. Mas Jasar também é um homem respeitado. O faraó o aprecia muito e grande parte dessas terras pertecem a ele.

Solias: — O que isso pode ter a ver com a minha paixão?

Omar: — Não seja tolo. Todo mundo sabe que Jasar nutre um afeto muito especial por essa escrava. Qualquer coisa que a agredisse também estaria indiretamente atingindo a ele.

Solias: *(Irritado)*

— Não posso me conformar com isso! Solimar é tudo o que mais desejo no mundo, meu senhor! Juro que faria tudo por ela. Tudo! Até mesmo matar.

Omar: — Não seja precipitado, meu bom Solias. O assassinato deve ser sempre a última alternativa. É um crime muito fácil de ser descoberto. Antes de usar o punhal, você deve usar a cabeça. Se a razão não funcionar, então parta para o sangue.

Solias: — Mas o que eu poderia fazer?

Omar: — Se eu fosse você, meu caro, agiria como na guerra. Uma de nossas técnicas mais importantes não é a de obrigar o exército inimigo a se separar para, com isso, enfraquecê-lo?

Solias: — Justamente, meu senhor.

Omar: — Pois é isso que você deve fazer. Afaste a escrava de Jasar. Isso, naturalmente, vai enfraquecê-la e, então, ela estará totalmente à sua mercê.

Solias: — Como eu faria isso? Não é difícil perceber o quanto são amigos.

Omar: — Vamos continuar fazendo um paralelo com as técnicas de guerra. Ela é forte porque possui um bom aliado, não é verdade? Pois, para vencê-la, você deve conseguir um aliado de poder ainda maior.

Solias: — E quem seria mais forte do que Jasar?

Omar: — Ora, meu caro amigo! Otias! Quem mais? Se você conseguir o apoio de Otias, então estará no caminho certo para dominar o nosso bom Jasar.

Solias: — Mas por que ela haveria de me ajudar, meu senhor?

Omar: — Por um motivo muito simples: por ciúmes! Apesar de sua doce aparência, Otias guarda uma alma de poderosa maldade, meu amigo. Uma maldade que só precisa de um pequeno incentivo para explodir. Você deve convencê-la de que Jasar e Solimar são amantes. Isso não será nada difícil. Afinal, não é raro encontrá-los juntos a passear pelos jardins do palácio.

Solias: — Começo a compreender o seu raciocínio admirável, meu senhor.

Omar: — Tudo o que você deve fazer é convencer Otias de que ela está sendo traída. A vaidade e o rancor farão todo o resto. Em pouco tempo, ela encontrará uma forma de afastar o marido da escrava Solimar. Perceba que no amor, como na guerra, é preciso elaborar um bom plano de ataque. Se você souber ser ardiloso, caríssimo amigo, em pouco tempo o caminho estará livre para você.

Solias: *(Feliz)*

— E, então, a vitória será minha!

CENA 40

SALA NO PALÁCIO DE NALIM, NA ASSÍRIA.

SALIL E O IMPERADOR ESTÃO SENTADOS A UMA MESA. ATRÁS DELES, A POSTOS, UM SOLDADO ASSÍRIO, ARMADO.

ENTRA NALIM.

Nalim: — Mandou me chamar, meu pai?

Salil: — Mandei, minha querida. Venha até aqui e sente-se.

Nalim: — Mas é o imperador em pessoa!

Imperador: — Como tem passado a minha pequena Nalim? Cresceu e tornou-se uma mulher radiante, pelo que vejo.

Nalim: — O senhor é muito bondoso. Mas a que devemos a honra da visita?

Imperador: — Infelizmente, venho tratar de um assunto que me entristece muito... Traição!

Nalim: *(Preocupada)*

— Traição?

Salil: — Não há mais o que esconder, Nalim. Meu envolvimento com o grupo revolucionário foi descoberto e todo o palácio está cercado. Já ordenei às nossas tropas que se rendam.

Imperador: — Foi uma decisão muito sábia. A mim, muito entristeceria ter de matar todos dentro desta casa.

Nalim: — Meu senhor, em nome da amizade que minha família sempre manteve com a vossa... Deve existir uma forma de se conseguir perdão para o crime de meu pai.

Salil: *(Bravo)*

— Não interceda por mim, minha filha! O imperador aceitou a minha rendição e, agora, tudo que me resta é acatar o castigo que me é devido.

Imperador: — Seu pai abusou de minha amizade e traiu minha confiança. Entretanto, antes de levá-lo a julgamento, decidi vir até aqui e propor uma troca. É uma exceção que estou abrindo, em nome de toda a tradição de nobreza que sua família carrega.

Nalim: — E qual seria essa troca, meu senhor?

Imperador: — Como vocês sabem, a lei é muito clara. A punição para todos os traidores é a morte por enforcamento.

Nalim: — Isso não pode acontecer!

Salil: — Acalme-se, minha filha!

Imperador: — O castigo não termina aí. Os descendentes do criminoso perdem todos os direitos de nobreza e, por esse motivo, o seu destino, Nalim, seria a pobreza.

Salil: — Muitos foram os serviços que lhe prestei antes de deixar-me levar pela fraqueza. Em nome deles, meu senhor, peço clemência para minha filha.

Imperador: — É exatamente o que quero propor. Mas, em troca, você deve me revelar o nome dos outros envolvidos no movimento.

Salil: — O quê?

Imperador: — É isso mesmo. Não poderei impedir sua execução. Mas se me entregar a lista dos outros revolucionários, conseguirei um jeito de livrar sua filha do castigo.

Nalim: — Não faça isso, meu pai. Eu não me incomodarei em perder os meus direitos.

Salil: — Silêncio, minha filha! (*ao imperador*) De que forma o senhor poderia poupar Nalim do castigo?

Imperador: — Se me fornecer as informações de que necessito, casarei Nalim com um nobre da corte. Isso fará com que, imediatamente, ela recupere os direitos de sua classe.

Salil: — Não há outra alternativa. Eu concordo. E lhe agradeço. Farei uma lista com os nomes de todos os envolvidos.

Imperador: — Faço isso em nome do passado. Quando julgava que éramos amigos.

Nalim: — Mas e o meu pai? O senhor não pode permitir que ele morra! Eu lhe peço por tudo o que é mais sagrado! Não permita que isso aconteça.

Imperador: — Infelizmente, não posso fazer nada quanto a isso. (*ao guarda*) Pode levá-lo, soldado.

O SOLDADO VAI LEVANDO SALIL. NALIM AGARRA-SE AO PAI.

Nalim: *(Desesperada)*

— Não! Pelos deuses, meu senhor! Não mate meu pai!

Salil: — Adeus, minha filha. Seja forte! (*ao imperador*) Conto com sua promessa, meu senhor.

Imperador: — Prepare-me a lista. Eu cuidarei de arranjar um bom casamento para sua filha.

NALIM DESABA, CHORANDO.

Imperador: — Não chore, minha criança. A verdade é que

você teve sorte. Se não fosse a minha proposta, seu destino seria mendigar pelas ruas.

Nalim: *(Chorando)*

— E de que me importa a riqueza? Estou perdendo o que tinha de mais precioso. Ah, meu pobre pai...

Imperador: — A presença de um bom marido ajudará a superar essa perda.

Nalim: *(Confusa)*

— Mas eu não compreendo. Quando os nobres da corte souberem que meu pai era um revolucionário, toda nossa família será desonrada. Quem se casaria comigo depois disso?

Imperador: — Já pensei nisso, minha querida. Nenhum assírio aceitaria sujar seu nome casando-se com a filha de um traidor. Mas um nobre estrangeiro aceitaria.

Nalim: — Um nobre estrangeiro?

Imperador: — Sei que, entre os escravos desta casa, existem alguns que procedem de famílias importantes. Você se casará com um deles e deixará a Assíria. Voltando à sua terra, o escravo recuperará seus direitos e, então, você também voltará a ser uma figura da nobreza.

Nalim: — Então era nisso que o senhor estava pensando? Em me casar com um escravo?

Imperador: — Exatamente. E você não tem nada do que

reclamar. Escolhi, para seu esposo, o escravo que, em sua terra, era mais poderoso. Um antigo general tebano chamado Pécos.

Nalim: *(Espantada)*

— Pécos?

CENA 41

JARDIM DO PALÁCIO DE PÉCOS.

JASAR E SOLIMAR.

Solimar: — Em que está pensando?

Jasar: — Hoje faz dois anos que Pécos foi raptado, Solimar. Estava pensando nele.

Solimar: — Sabe, pode parecer loucura... Mas algo me diz que ele continua vivo.

Jasar: — É possível. Mas por que, então, ele não voltou para Tebas?

Solimar: — Alguma coisa deve tê-lo impedido.

Jasar: — Sinto tanta saudade... Acho que a alegria de vê-lo voltando compensaria todo o sofrimento que tenho passado.

Solimar: — Você não pode se deixar abater, Jasar. Se continuar assim, vai ficar doente. E todos, neste palácio, precisam muito de você. O que mais o está afligindo?

Jasar: — O que podia ser? Otias, é claro. Não é que eu não a estime. Procuro seguir o conselho que, um dia, você me deu e faço tudo para ser um bom esposo. Sempre procuro ser amigável, carinhoso... Mas parece que ela deseja sempre mais. Todas as minhas atenções nunca são suficientes.

Solimar: — Isso acontece porque ela o ama.

Jasar: — Mas não somos felizes, Solimar. É absurdo porque, afinal, temos tudo o que um casal pode desejar. Temos fortuna, uma boa posição na sociedade, temos saúde, juventude... E o mais importante de tudo: um filho querido. Mas, apesar de tudo, não nos entendemos.

Solimar: — Uma coisa é certa, meu amigo. Se o destino os uniu da forma como aconteceu, é porque a união de vocês era necessária.

Jasar: — Como assim?

Solimar: — Talvez vocês tenham coisas para acertar um com o outro. Questões pendentes que, possivelmente, vêm de outras encarnações. Além disso, só o nascimento de seu filho já justifica o seu casamento. Você não acha?

Jasar: — Sem dúvida. Tenho um tremendo amor por meu filho Matur.

SEM QUE OS DOIS VEJAM, OTIAS SE APROXIMA E OUVE A CONVERSA.

Solimar: — Eu acho, Jasar, que tudo o que nos acontece nesta vida é, de certa forma, provocado por nós. Cada acontecimento, bom ou mau, é resultado de nossas atitudes no passado. Por isso, tudo o que nos resta é procurar uma constante melhoria interior. Melhorando no presente, estamos consequentemente construindo um futuro melhor.

Jasar: — Não sei como, sendo tão jovem, você consegue ter uma visão tão equilibrada das coisas.

Solimar: — Na verdade, meu amigo, eu me sinto, por dentro, muito mais velha do que realmente sou. A impressão que tenho é a de que já vivi tanto, já passei por tantas experiências...

Otias: *(Interferindo)*

— Jasar... O que você está fazendo?

JASAR E SOLIMAR ASSUSTAM-SE COM A CHEGADA DE OTIAS E LEVANTAM-SE.

Jasar: — Nada de mais, minha querida. Conversando.

Otias: — Você não se envergonha? Devia conversar com pessoas de sua classe e não com uma serviçal. O que é que as pessoas vão dizer?

Jasar: — Não há nada para se dizer, Otias.

Otias: (*Nervosa*)

— Eu ouvi o que ela estava dizendo.

Jasar: — E daí? Não falávamos nada de mais.

Otias: — Ouvi quando ela o chamou de amigo.

Jasar: — É a verdade. Somos amigos.

Otias: *(Explode)*

— Pois não quero que você a veja mais, está entendendo? Não admito!

Jasar: *(Nervoso)*

— Você é minha esposa, mas não tem o direito de me dar ordens.

Solimar: — Está tudo bem. Eu já vou me retirar.

Jasar: — Isso não é necessário. Fique.

Solimar: — Não quero causar problemas. Por favor. (*a Otias*) Com a sua licença, senhora.

SOLIMAR FAZ UMA REVERÊNCIA E VAI SAINDO, MAS OTIAS A SEGURA.

Otias: — Sua escrava suja! Pensa que pode competir com uma mulher como eu? Eu sou uma princesa e você não é nada. Aproxime-se do meu marido mais uma vez e juro que a destruirei.

SOLIMAR, HUMILHADA E TRISTE, SAI.

CENA 42

CENA MUDA NO PROSCÊNIO: REENCONTRO DE PÉCOS E JASAR.

OS IRMÃOS VÊM DAS LATERAIS, ENCONTRAM-SE NO CENTRO DO PALCO E, EMOCIONADOS, SE ABRAÇAM.

AO FUNDO, MUTAÇÃO DO CENÁRIO PARA SALA NO PALÁCIO DE PÉCOS.

DEPOIS DO FORTE ABRAÇO, PÉCOS E JASAR SE JUNTAM A NALIM E OMAR NA SALA, ONDE TODOS BEBEM VINHO.

Jasar: — Ah, meu irmão! Eu sabia! Tinha certeza de que você estava bem.

Pécos: — Você não imagina a alegria que estou sentindo em revê-lo, Jasar. Nem posso acreditar que estou bebendo vinho em minha casa mais uma vez.

Jasar: — E posso garantir-lhe que este não está envenenado. (*risos*)

Omar: — Você não imagina, querido amigo, o quanto fiquei preocupado quando acordei do desmaio provocado pela bebida e não o vi mais aqui.

Pécos: *(Feliz)*

— Mas agora estou de volta. E não permitirei mais que me tirem daqui com tanta facilidade.

Omar: *(Indica Nalim)*

— E quanto à escrava? Você vai continuar aceitando um casamento imposto pelas regras de uma outra nação?

Pécos: — Foi este casamento que me libertou do

cativeiro, meu amigo. Nada mais certo do que conceder a liberdade também a Nalim.

Jasar: — Muito justo, meu irmão.

SURGE OTIAS E OS HOMENS SE LEVANTAM. ELA CORRE A ABRAÇAR PÉCOS.

Otias: — Ah, Pécos, meu querido! Então é verdade que os deuses o trouxeram de volta!

Pécos: — Como tem passado, prima?

Otias: — Muito bem. Acho que já sabe de tudo o que aconteceu.

Pécos: — Eu sei. Perdemos o nosso querido Osiat e o destino fez com que nos tornássemos cunhados, em vez de esposos. A verdade é que você teve sorte, Otias. Jasar deve ser muito melhor marido do que eu seria.

Otias: — Ele é perfeito. (*indica Nalim*) Mas vejam só a bela novidade! Você não só conseguiu voltar como capturou a escrava fugida! Você é mesmo impossível, Pécos. (*estranha*) Mas por que ela está aqui bebendo com vocês? Desde quando as escravas acompanham os nobres em uma festividade?

Nalim: *(Altiva)*

— Não sou mais uma escrava, Otias. Agora temos direitos iguais.

Otias: *(Ri, nervosa)*

— De que é que você está falando?

Pécos: — Eu me casei com ela.

Otias: *(Espantada)*

— O quê?

Nalim: — Não precisa ficar tão assustada. Não passou de um casamento arranjado.

Otias: — Vocês estão brincando comigo. Ela agora tem direitos de nobreza?

Nalim: — Tão amplos quanto os seus, minha cara.

Otias: — Isso não pode ser verdade! Ninguém vai me obrigar a tratar uma escrava como a uma igual.

Nalim: — Não se preocupe. Você nunca conseguirá ser igual a mim.

Pécos: — Vamos acabar com isso, Nalim! Não quero disputas desse tipo em minha casa. Vocês duas vão ter de aprender a se aceitar.

Otias: *(Com raiva)*

— Aceitar? Prefiro morrer a ter de aceitar essa escravinha como uma igual. Ela nunca terá o meu respeito, estão ouvindo?

Jasar: — Por favor, Otias!

Otias: — Nunca!

OTIAS SAI DE CENA.

CENA 43

QUARTO DE PÉCOS E NALIM.

NALIM ESTÁ SOZINHA, TROCANDO-SE PARA DORMIR. ENTRA PÉCOS. ELA SE ASSUSTA E COBRE-SE COM O VESTIDO.

Nalim: — O que você está fazendo aqui?

Pécos: — Somos casados agora. Ainda que não tenha sido por nossa escolha.

Nalim: — Se está pensando que vai dormir neste quarto comigo, pode desistir.

Pécos: — Ouça, Nalim, sei que já nos ferimos muito. Mas talvez seja tempo de esquecermos os rancores. Eu preciso dizer-lhe uma coisa que... Acredite, é muito difícil para mim.

Nalim: — De que está falando?

Pécos: — Eu era um homem muito orgulhoso, como você bem sabe. Mas talvez a escravidão tenha me transformado. Afinal, fui forçado a aprender uma grande lição de humildade. É só por isso que agora encontro forças para dizer-lhe o que quero.

Nalim: — Por que, então, não fala de uma vez?

Pécos: — Você acha que eu a odeio?

Nalim: — Não estou entendendo onde quer chegar.

Pécos: — Eu não a odeio, Nalim. Muito pelo contrário...

Nalim: *(Maldosa)*

— Não vá dizer agora que você me ama.

Pécos: — E por que não?

PÉCOS NÃO RESISTE E A ABRAÇA COM CARINHO. ELA FOGE DO ABRAÇO.

Nalim: — Afaste-se de mim! O seu desejo me inspira asco! Só me casei contigo porque fui forçada pelas circunstâncias. Sou sua esposa, Pécos, mas não admito que se aproveite desta situação. Se colocar essas mãos imundas sobre mim outra vez, juro que o matarei.

Pécos: *(Ofendido)*

— Você está enganada a meu respeito. Eu seria incapaz de qualquer gesto menos honroso sem o seu consentimento. Se nesta noite abri meus braços, é porque julguei que você necessitava de amparo. Você perdeu seu pai e foi trazida mais uma vez para esta terra estrangeira. Embora você duvide, eu queria muito mais do que matar um simples desejo. Eu queria oferecer-lhe a minha compreensão e o meu amor.

Nalim: *(Balançada)*

— Você está mentindo. Sei que está mentido.

Pécos: — Não se preocupe. Juro que não a abraçarei nunca mais. Só voltarei a fazê-lo um dia.

Nalim: — E quando será isso?

Pécos: — No dia em que você me pedir.

PÉCOS SAI.

Nalim: *(A si)*

— Eu mal consigo acreditar no que ouvi... Ele falou em amor?... Mas a vida inteira pensei que me odiasse... Ao mesmo tempo, por que mentiria para mim?... Com que interesse?... Sempre achei que ele estava no meu caminho para me fazer sofrer... E agora age como se desejasse a minha felicidade... Mas é impossível... Nada pode fazer com que eu o aceite... Nada pode nos unir... Nada!

CENA 44

JARDIM DO PALÁCIO.

OTIAS E SOLIAS.

Solias: — Muito obrigado por ter permitido que eu lhe falasse, senhora.

Otias: — Mas, afinal, o que quer?

Solias: — A felicidade de todos nesta casa é muito importante para mim. E é por isso que venho alertá-la de um grave perigo.

Otias: — Continue.

Solias: — A senhora conhece, porventura, a escrava Solimar?

Otias: — Está claro que sim. Por quê?

Solias: — Desde que ela chegou a esta casa, desejei desposá-la. Mas, apesar de se tratar de uma escrava, um nobre impediu que meu projeto se concretizasse.

Otias: — Jasar?

Solias: — Exatamente. Eu fiquei desconfiado e, desde aquela época, observo algumas coisas que...

Otias: — Vamos. Fale de uma vez! Observa o quê?

Solias: — Mais de uma vez, vi os dois juntos.

Otias: — Juntos como? Conversando?

Solias: *(Rindo)*

— Conversando? Não, não! Apesar de estar casado com uma dama como a senhora, descobri que o senhor Jasar mantem relações amorosas com essa escrava.

Otias: — Eu já desconfiava... Sabia que era impossível que um nobre fosse apenas amigo de uma escrava! Desde o começo eu soube que Jasar a amava.

Solias: — É uma situação insustentável, senhora. Em pouco tempo, toda a corte pode estar sabendo dessa traição imoral.

Otias: — Tem razão. Alguma atitude tem de ser tomada.

Solias: — É por isso que vim falar-lhe. Conte comigo

para afastar os dois da maneira que tiver de ser. Farei de tudo para poder me casar com Solimar.

Otias: — Está certo. Agora preciso pensar no que farei quanto a essa vergonha. Quando precisar dos seus serviços, o chamarei. Mantenha a boca bem fechada sobre esse assunto e saberei recompensá-lo por sua lealdade.

Solias: — Sou seu criado, minha senhora.

SOLIAS FAZ UMA REVERÊNCIA E SAI.

CENA 45

SALA NO PALÁCIO DE PÉCOS.

NALIM ESTÁ SÓ. SOLIMAR ENTRA E AS DUAS SE ABRAÇAM.

Nalim: — Solimar! Enfim posso vê-la!

Solimar: — Ah, Nalim! Minha amiga querida. Pensei que fosse morrer de felicidade quando soube que você havia voltado. Você está ótima. Está linda.

Nalim: — E você também!

Solimar: — Agora, vamos. Conte-me tudo.

Nalim: — Não há muito o que contar, minha amiga. Desde que saí daqui, nunca mais fui feliz. Minha mãe já tinha morrido antes de eu chegar à minha casa e, agora, antes de voltar da Assíria, perdi meu pai. E, se tudo isso não fosse suficiente, ainda fui obrigada a me casar com Pécos! Você pode imaginar uma coisa dessas? Com Pécos!

Solimar: — É. Eu já sei, Nalim.

Nalim: — E você sabe o quanto eu o odeio, não sabe?

Solimar: — Pode ser. Mas sabe de uma coisa? O contrário do amor não é o ódio, Nalim. É a indiferença.

Nalim: — O que você quer dizer com isso?

Solimar: — Pécos mexe demais com você, minha amiga. Talvez, se você se livrar um pouco do orgulho, possa começar a perdoar. E, perdoando, talvez você descubra que, afinal, a vida não os uniu a troco de nada.

Nalim: — Isso é um absurdo. Não existe nenhuma chance de harmonização entre nós.

Solimar: — Se quiser encontrar a felicidade nesta terra, deve começar por esquecer as ofensas dirigidas a você. Perdoe a todos pelo mal que lhe fizeram.

Nalim: — Mas isso é impossível. Não posso, por exemplo, me humilhar perante Otias. E, muito menos, me oferecer a um marido que não estimo. Além do mais, quem me garante que, se eu me tornasse mais terna, ele não iria zombar de minha amizade e desprezá-la para se vingar de mim?

Solimar: — Minha amiga, embora você queira negar a verdade, percebo a natureza do sentimento que existe em seu coração. Nunca é humilhante confessar um sentimento tão elevado como o amor.

Nalim: — É claro que eu desejaria ser feliz com um esposo amado. Ter com ele belos filhos... Mas não vejo saída para o meu caso. Se existia alguma possibilidade de amor entre nós, eu a matei com meu orgulho e minha raiva.

Solimar: — Não, minha querida. Nunca é tarde. Você deve, de hoje em diante, modificar o seu modo de agir. O primeiro passo é descobrir que, ao invés de inimigos, vocês podem ser aliados. Acho que, depois de tanto sofrimento, vocês deveriam ser companheiros num pouco de alegria.

Nalim: — Talvez você tenha razão... Eu vou pensar nisso.

CENA 46

QUARTO DE OMAR, NO PALÁCIO DE PÉCOS.

OMAR E SOLIAS.

Omar: — Muito bem, meu caro Solias. Agora que você jogou a semente da desconfiança no coração de Otias, tudo o que tem a fazer é esperar. Em pouco tempo ela encontrará uma forma de afastar Solimar de Jasar. E aí, então, a escravinha será toda sua, como eu lhe disse.

Solias: — Isso será maravilhoso, meu genial senhor. Eu lhe agradeço muito por seus fantásticos conselhos.

Omar: — Agora devo tratar de meus próprios problemas. Meu maior inimigo está de volta, como você sabe.

Solias: — Pécos teve muita sorte, meu senhor.

Omar: — É verdade. Mas não terá da próxima vez. Agora, tudo está muito diferente. Eu sou o general supremo dos exércitos. É ele quem deve obediência a mim.

Solias: — Finalmente a situação política se coloca de uma forma justa, meu poderoso senhor.

Omar: — Preciso aproveitar este momento e usar o meu poder para afastá-lo novamente deste palácio. Ordenarei que me acompanhe na expedição militar para a cidade de Cibela. Ele não terá como negar.

Solias: — Mas de que adiantará, meu senhor? Pelo que soube, a viagem durará apenas dois meses.

Omar: — Exatamente. Iremos até Cibela como espiões. Nosso objetivo será mapear a região e preparar um plano de ataque maciço. Mas nada impede que Pécos seja descoberto pelo exército inimigo.

Solias: *(Rindo maldosamente)*

— Começo a compreender seu raciocínio, meu amado senhor.

Omar: — Pécos não voltará jamais. Darei um jeito para que seja delatado e preso. E aí então, meu amigo, estarei mais uma vez completamente livre para usufruir do poder. E também conseguirei, enfim, cobrar uma dívida muito antiga.

Solias: — Uma dívida de Pécos?

Omar: — Não. De Nalim. Quem diria que ela voltaria casada com meu maior rival...

Solias: *(Cauteloso)*

— O senhor a deseja?

Omar: — Aquela mulher, Solias, nasceu para ser minha e de mais ninguém. Ela me pertence! E, sem Pécos por perto, poderei finalmente possuir o que é meu.

CENA 47

SALA NO PALÁCIO DE PÉCOS.

PÉCOS ESTÁ SOZINHO, ESTUDANDO UM MAPA DE GUERRA. ENTRA JASAR.

Jasar: — Mandou me chamar, meu irmão?

Pécos: — Mandei, Jasar. E, infelizmente, não foi por um bom motivo. Devemos nos despedir.

Jasar: — Como assim "nos despedir"? Você acabou de voltar, depois de mais de dois anos!

Pécos: — Devo partir em uma expedição militar.

Atravessaremos o Nilo e seguiremos pela região desértica até o sudeste da Assíria, na cidade de Cibela.

Jasar: — Não vá me dizer que você já está querendo sair à cata de novos escravos!

Pécos: — Nunca, meu irmão! Tenho pensado muito em tudo o que me aconteceu. Não conheço o medo da guerra e, se for preciso, morrerei nos campos de batalha para proteger Tebas. Mas jamais voltarei a comprar ou vender escravos em minha casa. Jamais!

Jasar: — Bravo, meu irmão! Fico muito feliz porque isso só pode ser sinal de que o amor começou a dominar o seu íntimo. Mesmo que muitos não concordem com você, a paz da sua consciência será a mais bela recompensa que você poderá alcançar no mundo.

Pécos: — Tenho certeza que sim. Entretanto, não posso me negar a participar das expedições guerreiras.

Jasar: — Por que não fala com Omar?

Pécos: — Foi ele mesmo que exigiu terminantemente a minha presença na viagem. Partiremos a qualquer momento.

Jasar: — É uma pena, meu irmão.

Pécos: — Sim. Mas logo estarei de volta. Só fico triste porque Nalim ainda não está adaptada à sua nova posição nesta casa e, ainda assim, serei forçado a deixá-la sozinha.

Jasar: — Não se preocupe com ela. Eu lhe darei todo o apoio. Mas, pelo que vejo, seus sentimentos em relação a ela também mudaram muito.

Pécos: — Quando nos conhecemos, eu não queria aceitar o fato. Mas a verdade é que eu sempre a amei, meu irmão. Desde o início.

Jasar: — Isso é maravilhoso!

Pécos: — Mas ela me despreza, Jasar. Me odeia! Jamais seremos felizes juntos. Já destruímos todas as possibilidades.

Jasar: — Isso não é verdade. Apesar de um pouco orgulhosa, ela é uma excelente criatura. Se ainda restam mágoas no coração dela, o seu amor poderá destruí-las. Tenho certeza de que, se vocês esquecerem os erros do passado, poderão iniciar uma vida muito feliz.

Pécos: *(Animado)*

— Agradeço a Deus por ter tido um irmão como você.

Jasar: — Ora, vamos. O que é isso? Não é a mim que você deve fazer declarações.

OS DOIS RIEM E SE ABRAÇAM.

CENA 48

QUARTO DE OTIAS.

OTIAS RECOSTADA EM SEU DIVÃ. CORTIAH COM ELA.

Cortiah: — Já coloquei o pequeno Matur na cama, senhora.

Otias: — Ótimo. Agora me deixe em paz.

Cortiah: — A senhora não gostaria de ir lhe dar um beijo de boa noite?

Otias: — Hoje não. Estou cansada. E, além do mais, meu filho já deve ir se acostumando a se cuidar sozinho. Quero que seja um homem valoroso como o pai.

Cortiah: — Sim, senhora. Boa noite, então.

CORTIAH FAZ UMA REVERÊNCIA E SAI.

ENTRA SOLIAS.

Solias: — Finalmente a escrava se foi. A senhora mandou me chamar?

Otias: — Sim. Pensei um pouco a respeito do que conversamos e tive algumas ideias bastante interessantes. Porém, antes de dividi-las contigo, gostaria de saber se seu amor pela escravinha é mesmo tão grande quanto você disse.

Solias: — Ela é meu sonho mais precioso, senhora. Faria qualquer coisa por ela.

Otias: — Até mesmo matar?

Solias: — Matar? Bem... Se isso fosse realmente preciso... Sim, senhora. Eu mataria por ela.

Otias: — Muito bem. A verdade é que pensei em diversas maneiras de uni-lo a Solimar, dentro deste palácio, e cheguei à conclusão de que isso é totalmente impossível. Teríamos a oposição não apenas de Jasar, mas também da nova esposa de Pécos, aquela escrava suja chamada Nalim.

Solias: — Tem toda razão, senhora. As duas são muito amigas.

Otias: — Odeio as duas, Solias. Solimar porque procura roubar, traiçoeiramente, o amor de meu esposo. E Nalim, porque busca conquistar uma posição social tão importante quanto a minha. Jamais aceitarei aquela mulherzinha como uma igual. Jamais!

Solias: — A senhora está certíssima!

Otias: — A solução que encontro é a seguinte: eu lhe darei uma pequena fortuna, Solias. Mais de duzentas peças de ouro.

OTIAS MOSTRA UM SACO DE PANO.

Solias: *(Maravilhado)*

— Nunca vi tanto dinheiro! Mas que relação isso tem com Solimar, senhora?

Otias: — Você deve raptá-la. Depois, longe deste palácio, faça como bem entender. Aqui tem o suficiente para que mude de vida.

Solias: — É muita bondade, senhora.

Otias: — Mas, em troca, você deve realizar um serviço difícil. Quero que mate Nalim.

Solias: — Matá-la?

Otias: — Exatamente. É a única forma que encontro para ficar livre das duas.

Solias: — Farei o que for preciso, senhora.

Otias: — Soube que amanhã de madrugada o exército partirá para Cibela. Todos estarão ocupados com a expedição. Será o momento certo de agir. Você irá até o quarto de Nalim e colocará dentro dele uma serpente venenosa. O animal cuidará de todo o resto.

Solias: — É uma ideia maravilhosa, senhora.

Otias: — Em seguida, suma com Solimar deste palácio e nunca mais apareça por esta região.

Solias: — Estou de pleno acordo. Mas como reconhecerei o quarto certo para soltar a serpente?

OTIAS MOSTRA UMA ROSA VERMELHA.

Otias: — Deixarei esta rosa vermelha em frente à porta. Você não terá como errar.

Solias: — Muito bem. Amanhã de manhã, já estarei longe com Solimar. E Nalim não passará de uma lembrança.

Otias: — Uma péssima lembrança! Agora vá!

OTIAS ATIRA O SACO DE OURO PARA SOLIAS. ELE FAZ UMA REVERÊNCIA E SAI.

CENA 49

QUARTO DE NALIM. ELA ESTÁ SE PREPARANDO PARA DORMIR. ENTRA PÉCOS.

Nalim: — O que deseja a esta hora da noite?

Pécos: — Não se preocupe. Só vim falar com você. Não sei se sabe, mas recebi ordens para partir para Cibela amanhã, ao raiar do dia. Devo levar mais ou menos dois meses para voltar e, por isso, vim me despedir.

Nalim: — Agradeço sua gentileza.

Pécos: — Sei que você está encontrando um clima hostil neste palácio, Nalim. Mas isso logo vai passar. Pedi a meu irmão Jasar que cuide de você na minha ausência.

Nalim: — Muito obrigada.

Pécos: — Talvez você não acredite, mas as coisas mudaram muito. O destino nos uniu, Nalim. E me preocupo muito com a sua felicidade.

Nalim: — Eu tenho notado que você está mesmo mudado. Talvez eu esteja sendo injusta não lhe dando a chande de demonstrar o quanto se transformou.

Pécos: — Sempre é tempo de perdoar. Infelizmente,

agora que começamos a nos entender melhor, terei de partir.

Nalim: — Eu lhe desejo uma boa viagem.

Pécos: — Obrigado. E adeus.

ELES SE APERTAM AS MÃOS. PÉCOS VAI SAINDO, MAS VOLTA.

Nalim: — O que foi?

Pécos: — Talvez você ria na minha cara... Talvez me despreze. Mas não posso mais esconder o que sinto, Nalim. Quero que saiba que a amo demais. Eu a amo desde o primeiro momento em que a vi. Não passo um único dia sem pensar em você.

Nalim: — Você não está me enganando, não é? Diga, por favor, que não está me enganando.

Pécos: — Por que a enganaria? Tudo que desejo é fazê-la feliz.

Nalim: — Um dia você disse que só me abraçaria de novo quando eu pedisse. Pois agora chegou o momento, Pécos. Agora sou eu que peço. Me abrace, por favor. Me abrace e faça de mim a sua mulher. Eu preciso muito de você. Preciso muito do seu carinho.

Pécos: — Ah, meu amor!

ELES SE ABRAÇAM E SE BEIJAM COM MUITA PAIXÃO.

Nalim: — Eu também o amo! Sempre procurei esconder isso, principalmente de mim mesma. Mas também o amo!

Pécos: — Agora, nada mais vai nos separar! Nada!

BEIJAM-SE DE NOVO.

Nalim: — Hoje será a nossa verdadeira noite de núpcias. Toda a minha mocidade e toda a minha beleza estão guardadas para você.

Pécos: — É como se um sonho antigo estivesse se realizando. Nunca fui tão feliz em toda minha vida.

Nalim: — Juro que serei para sempre sua, meu querido. Para sempre.

BEIJAM-SE MAIS UMA VEZ. A LUZ VAI CAINDO EM RESISTÊNCIA.

CENA 50

CORREDOR DO PALÁCIO DE PÉCOS, COM TRÊS PORTAS.

O DIA AMANHECE.

A CENA COMEÇA COM AÇÕES MUDAS:

PÉCOS APARECE NA PRIMEIRA PORTA, DESPEDINDO-SE DE NALIM, CARREGANDO AS BAGAGENS DA VIAGEM. DIRIGE-SE PARA O LADO ESQUERDO E SAI DE CENA. NALIM VOLTA PARA DENTRO DO QUARTO.

ENTRA OTIAS PELO LADO ESQUERDO E, SORRATEIRAMENTE, COLOCA A ROSA VERMELHA EM FRENTE À PRIMEIRA PORTA. EM SEGUIDA, DESAPARECE DEPRESSA PELO OUTRO LADO.

UM TEMPO E ENTRA CORTIAH, TAMBÉM PELO LADO ESQUERDO. VÊ A ROSA NO CHÃO E, VAIDOSA, APANHA-A E COLOCA-A NO CABELO. VAI SAINDO, QUANDO PERCEBE QUE JASAR VEM ENTRANDO PELO LADO DIREITO. ENVERGONHADA, TIRA A FLOR DO CABELO E JOGA-A EM FRENTE À TERCEIRA PORTA.

Cortiah: — Muito bom dia, meu senhor. Levantou cedo hoje.

Jasar: — É verdade. Estou indo até os portais do palácio para me despedir de Pécos.

Cortiah: — Ah, sim. Será que eu poderia acompanhá-lo, meu senhor? Também gostaria de dizer-lhe adeus.

Jasar: — É claro que sim. Vamos juntos até lá.

CORTIAH E JASAR SAEM PELO LADO ESQUERDO. A FLOR FICA DIANTE DA PORTA ERRADA.

PELO LADO DIREITO, ENTRA SOLIAS, SORRATEIRO. CARREGA UM CESTO, ONDE ESTÁ A SERPENTE. VÊ A ROSA VERMELHA NO CHÃO E GUARDA-A NO BOLSO.

Solias: — Vamos lá, meu animalzinho traiçoeiro. Faça o seu trabalho direito.

SOLIAS JOGA A SERPENTE NO QUARTO ERRADO.

Solias: — Muito bem. Agora, só preciso ir atrás de Solimar.

SOLIAS SAI.

CENA 51

QUARTO DE OTIAS. ELA ESTÁ RECOSTADA EM SEU DIVÃ.

Otias: *(A si)*

— Mas por que está demorando tanto?... Solias já deveria ter realizado o serviço... Espero que ele não faça nada errado... Não gostaria de me envolver em nenhum escândalo... Espero que a morte seja rápida... Logo estarei livre de Nalim... Livre para ser a única senhora dessa casa... Mas estou com uma sensação tão estranha...

UMA SOMBRA NEGRA AVANÇA SOBRE O FUNDO DA CENA.

Otias: — Sinto uma presença... Uma presença maligna, perigosa... Mas, não, isso é bobagem... Estou apenas impressionada... Não devo me deixar abater... Meu coração está tão apertado... tão pesado... Por quê?... Por quê?

OUVE-SE UM GRITO TERRÍVEL. A SOMBRA DESAPARECE. OTIAS SE LEVANTA.

Otias: — Que grito foi esse? O que aconteceu?

CORTIAH ENTRA, DESESPERADA.

Cortiah: — Senhora! Senhora! Aconteceu uma desgraça!

Otias: — Calma, mulher! O que aconteceu, afinal?

Cortiah: — Uma serpente, senhora! Não sei como pôde entrar no quarto! (*chora*) Quanta desgraça, meu Deus!

Otias: — Pare de chorar, sua desgraçada, e me conte o que aconteceu!

Cortiah: — Seu filho, senhora! Matur! Ele foi picado por uma serpente.

Otias: *(Chocada)*

— Meu filho?

Cortiah: — Ele não resistiu! Era tão pequenino, meu Deus! Está morto, senhora. Morto!

Otias: — Meu filho? Meu filho?

OTIAS AGARRA CORTIAH PELOS BRAÇOS.

Otias: *(Transtornada, dá um grito terrível)*

— Não!!!!!!!!!

OTIAS DESMAIA E É AMPARADA POR CORTIAH.

CENA 52

CASEBRE NA CIDADE.

SOLIMAR ESTÁ DORMINDO EM UM CATRE.

SOLIAS, MUITO AGITADO, A OBSERVA. ELA ACORDA.

Solias: — Ah... finalmente acordou. Eu já estava preocupado com você.

Solimar: — Solias? O que aconteceu? Que lugar é este?

Solias: — Estamos escondidos no centro da cidade, bem longe do palácio.

Solimar: — Mas por quê? Por que eu estou aqui?

Solias: *(Mente)*

— Bom, é uma longa história, Solimar. Há alguns dias atrás, Otias mandou me chamar. Ofereceu-me uma pequena fortuna para que eu a matasse.

Solimar: — Para me matar? Mas por quê?

Solias: — Por ciúmes do marido. Não sei por que, mas ela achava que vocês dois eram amantes. Eu não tive como negar, Solimar. Ou, então, seria eu quem poderia ser morto. Aceitei o dinheiro e prometi que a mataria. Mas eu gosto de você. Você sabe disso. Então, coloquei na água que você ia beber, à noite, uma droga que a fez dormir e, oculto na madrugada, raptei-a.

Solimar: — Meu Deus.

Solias: — Não podemos mais voltar ao palácio, Solimar. Nunca mais. Agora você percebe o quanto eu a amo? Não hesitei um só instante e abandonei tudo por você. Se nos descobrirem, vão me matar, mas eu faria tudo para salvar sua vida.

Solimar: — Eu o agradeço por ter me salvado, Solias. Mas se é mesmo verdade que me ama... então faria qualquer coisa por mim, não é?

Solias: — Claro que sim. Tudo.

Solimar: — Pois então, deixe-me partir. Eu quero ser livre.

Solias: *(Irritado)*

— O quê? Depois de tudo o que fiz, você quer me abandonar?

Solimar: — Está vendo como seu amor não é verdadeiro? Você me oferece tudo: a sua vida, a sua afeição. Mas, na verdade, não se preocupa com a minha felicidade.

Solias: *(Agressivo)*

— Não quero mais falar sobre isso! Não me peça a única coisa que não posso lhe dar. Fique comigo, Solimar! Iremos para longe com o dinheiro que ganhei. Com o tempo, você vai aprender a me amar como eu a amo.

Solimar: — Não chame de amor o sentimento que inspiro em você. O amor verdadeiro, Solias, é respeito, harmonia e compreensão... Quem realmente ama, não se incomoda de renunciar a nada, se isso é importante para tornar o outro feliz. O que você está vivendo é um sentimento egoísta de posse. Se você me amasse realmente, me libertaria! Por que não deixa que eu guarde de você um sentimento de amizade e gratidão?

Solias: — Eu não posso perdê-la. Você é a única esperança que me resta. Eu perdi tudo: meus amigos, meu trabalho... Tudo para segui--la. (*cada vez mais agitado*) E ainda fiquei sabendo na cidade de uma coisa terrível...

Solimar: — Ficou sabendo de quê?

Solias: — Nada! Eu cometi um erro.

Solimar: — Mas que erro? Conte para mim. Talvez eu possa ajudá-lo.

Solias: — Não, ninguém pode me ajudar. Ninguém.

SOLIAS TIRA DO BOLSO A ROSA VERMELHA E A OBSERVA.

Solias: — A culpa não foi minha. Eu apenas cumpri as ordens. Como sempre, cumpri as ordens.

Solimar: — De que é que está falando? Eu não estou entendendo.

Solias: — Ah, minha cabeça parece que vai explodir! Eu mal consigo pensar! Acho que preciso beber alguma coisa!

Solimar: — Se você beber, vai piorar mais ainda. Deite-se aqui. Eu vou preparar um chá para você.

Solias: — Você tem de acreditar que eu não tive culpa, está bem? É tudo o que eu peço.

Solimar: — Está bem. Agora fique calmo. Deite-se aqui e fique calmo.

Solias: — Você é um ser humano maravilhoso... Como eu gostaria de ser como você.

Solimar: — Você pode ser, Solias. Só depende de você.

SOLIMAR AJUDA SOLIAS A DEITAR-SE. ELE CONTINUA AGARRADO À FLOR.

Solias: — Eu juro que não tive culpa. Você tem de acreditar em mim. Eu não tive culpa... Não tive culpa...

CENA 53

QUARTO DE OTIAS.

OTIAS ESTÁ NA CAMA EM ESTADO DE CHOQUE.

JASAR E NALIM ESTÃO CUIDANDO DELA.

Nalim: — O que aconteceu com ela, Jasar?

Jasar: — Ela teve uma comoção cerebral por causa do choque. Não pode mais se mover.

Nalim: — Não há nada que a gente possa fazer?

Jasar: — Nada, a não ser esperar.

Nalim: — Eu sinto muito.

Jasar: *(Triste)*

— Talvez, se eu estivesse aqui na hora... Quem sabe poderia ter feito alguma coisa para evitar essa desgraça.

Nalim: — Não se culpe por uma fatalidade.

Jasar: — Deus está querendo me testar! Só pode ser isso!

Nalim: — Queria que Solimar estivesse aqui, agora, para nos ajudar. Eu não a encontrei em lugar nenhum do palácio.

Jasar: — Ela desapareceu. Já não bastasse todo este sofrimento.

Nalim: — Confesso que não sei o que fazer.

Jasar: — E nem eu.

Nalim: — Bom, eu sei que é difícil, mas você precisa descansar um pouco. Eu vou deixá-lo sozinho agora. Se precisar de mim, é só chamar.

Jasar: — Está bem. Obrigado, Nalim.

NALIM SAI.

Jasar: *(Reza)*

— Ah, meu Deus! Dai-me forças para suportar as provas que estou enfrentando. Eu sei que uma só fagulha de Vosso Amor pode abrasar a terra. Olhai pelo espírito de meu filho e recebei essa criança em Seus Braços. Iluminai o seu caminho, meu Deus. Não permitais que ele sofra. Entrego sua alma ao Seu Poder e à Sua Bondade.

JASAR PERCEBE UMA LUZ QUE VAI SURGINDO. É A APARIÇÃO DO ESPÍRITO DE SEU MESTRE.

Mestre: — Jasar...

Jasar: — Mas é a imagem do meu professor! É você, mestre?

Mestre: — Sou eu, Jasar. Já abandonei este mundo, mas continuo velando por você, meu filho, pelo seu desenvolvimento, pelo seu aprimoramento moral. Recebi a graça de poder me comunicar contigo e trazer uma mensagem de conforto e de paz. Dolorosas são as provas que você está enfrentando agora, meu aluno querido. Mas Deus é um pai amoroso e sábio. Seu filho morreu neste mundo apenas para renascer para a verdadeira vida. Acredite. Agora, ele está partindo para um mundo melhor, onde as alegrias são eternas e a paz infinita. Eu olharei por ele até que chegue o momento de você se juntar a nós. Nunca perca a esperança e saiba que, com amor no coração, você nunca estará só. Continue tendo sempre a coragem de ser bom. Jamais perca a sua fé. Agora eu preciso ir. Adeus, Jasar.

A APARIÇÃO VAI DESAPARECENDO.

Jasar: — Mestre!

Mestre: — Estarei sempre contigo... Sempre... Adeus...

A APARIÇÃO DESAPARECE.

CENA 54

CASEBRE NA CIDADE.

SOLIMAR ESTÁ ARRUMANDO SUAS ROUPAS PARA PARTIR. ENTRA SOLIAS, APRESSADO.

Solias: *(Confuso, desequilibrado)*

— Como é? Já está tudo pronto para partir?

Solimar: — Quase. Mas para onde está pensando em ir, Solias?

Solias: — Eu não sei. Vamos para bem longe daqui. Para alguma outra cidade.

Solimar: — Mas por quê?

Solias: (*Paranoico*)

— As pessoas daqui já sabem de tudo! Ele contou para todo mundo!

Solimar: — Ele quem?

Solias: — O menino! Quem mais? Ele está me perseguindo, Solimar! Eu fui até a venda comprar uma bebida e ali estava ele, olhando para mim.

Solimar: — Não estou entendendo, Solias.

Solias: — Eu fugi, mas não adiantou nada. Ele continuou me seguindo pela rua. Acho que está querendo se vingar de mim!

Solimar: — Calma, Solias. Do que está falando?

Solias: *(Nem a ouve)*

— Eu acabei entrando em um templo. Fazia

tanto tempo que eu não pensava em rezar... (*ri nervosamente*) Não é engraçado? Como se eu fosse digno disso! Mas a verdade é que não adiantou nada, Solimar. Eu olhei para o lado e lá estava ele de novo, olhando para mim com aqueles olhos pequeninos. Meu Deus! Estou com tanto medo! Tanto medo!

Solimar: — Mas por quê? Não estou entendendo.

SOLIAS TIRA A ROSA VERMELHA, JÁ MURCHA, DO BOLSO E MOSTRA A SOLIMAR.

Solias: — Eu não tive culpa! Colocaram a flor em frente à porta errada. O que eu podia fazer?

Solimar: — Mas que flor é esta?

Solias: — Não! Não pegue! Esta é a minha proteção! É a prova de que a culpa não foi minha. Eu juro que a culpa não foi minha!

Solimar: — Está bem. Fique calmo, Solias!

Solias: — Ah, minha cabeça! Parece que vai explodir! Eu não consigo mais dormir! Não consigo mais pensar! Vamos embora depressa, pelo amor de Deus!

Solimar: — De nada vai adiantar fugir, se você carregar este problema dentro de você, Solias!

Solias: *(Desesperado)*

— O que você quer que eu faça? Que eu fique esperando que ele venha me buscar? Eu tenho de me proteger de alguma maneira! Vamos embora, pelo amor de Deus!

Solimar: *(Conformada)*

— Calma. Nós já vamos.

SOLIAS FICA ANDANDO DE UM LADO PARA OUTRO, COM A FLOR NA MÃO. SOLIMAR VOLTA A ARRUMAR AS COISAS PARA PARTIR.

CENA 55

MUTAÇÃO DO CENÁRIO PARA UMA TENDA MILITAR.

Lucius: (*Off*)

— O relógio incansável do tempo marcou mais alguns dias, após esses tristes acontecimentos. Solias, enervado e irrequieto, oprimido pelo peso de seus crimes, não suportou a culpa e, em pouco tempo, enlouqueceu. Porém, Deus, sempre perfeito e justo, preocupado com a elevação moral de todos os seus filhos, concedeu-lhe a bênção da companhia de Solimar, um espírito muito mais equilibrado e esclarecido. Solimar, compadecida daquele homem tão desesperado, estabeleceu-se com ele em Dresda, na Costa do Mediterrâneo e, com o passar de alguns anos, tornou-se uma grande líder espiritual naquela região, ajudando os pobres, curando os doentes e propagando para todos a sua lição de caridade e fé. Enquanto isso, a muitos quilômetros dali, Pécos se preparava para voltar a Tebas. Ainda ignorava a recente tragédia que havia recaído sobre seu irmão e, feliz, só pensava em rever a sua amada Nalim. Ele só não contava com a interferência de alguém que tinha um coração repleto de revolta e inveja. Um falso amigo que o odiava e que tudo faria para destruir sua felicidade: o terrível general supremo dos exércitos, Omar.

CENA 56

TENDA DE GUERRA ONDE ESTÁ OMAR.

ENTRA O ESPIÃO ASSÍRIO JUBAR E FAZ UMA REVERÊNCIA.

Jubar: — O senhor mandou me chamar?

Omar: — Temos um assunto importante a tratar. Você, meu caro Jubar, é nosso único espião assírio. Deu-nos informações valiosas que custaram um preço considerável.

Jubar: — Se descobrissem minhas atividades, certamente me matariam, meu senhor. Os traidores são enforcados na Assíria. É justo que isso custe um bom preço.

Omar: — Não resta a menor dúvida. Mas diga-me uma coisa: se um de meus homens fosse descoberto, o castigo também seria a morte?

Jubar: — Sem dúvida, meu senhor. Nosso imperador é famoso por sua crueldade.

Omar: *(Satisfeito)*

— Muito bem. E, por acaso, você gostaria de ganhar o que combinamos... em dobro?

Jubar: — Naturalmente. Mas o que eu teria de fazer em troca?

Omar: — Nada de mais. Apenas voltar à estalagem onde fiquei com meus oficiais e... nos delatar.

Jubar: — O quê?

Omar: — Não se espante tanto, meu caro Jubar. Eu não enlouqueci. Nosso navio vai partir antes que os assírios possam chegar aqui.

Jubar: — Mas, então, por quê?

Omar: — Um de meus oficiais vai ficar.

Jubar: — Ah... Começo a compreender. É uma ideia muito interessante, meu poderoso senhor. Ele é algum inimigo político?

Omar: — Pouco importa a você quem ele é. Agora vá. E não falhe.

OMAR JOGA UM SACO DE MOEDAS PARA JUBAR.

Jubar: *(Feliz)*

— Considere o serviço realizado, meu senhor.

JUBAR FAZ UMA REVERÊNCIA E SAI.

PÉCOS ENTRA EM SEGUIDA.

Pécos: — Com licença, Omar. Disseram-me que você queria falar comigo, assim que Jubar se fosse.

Omar: — Ah, sim. Eu preciso muito de sua ajuda, meu

caríssimo amigo. Fui informado de que deixei um documento importante na estalagem onde estávamos. Foi um descuido tremendo! Seria melhor ir buscá-lo antes que algum assírio o encontre.

Pécos: — E você deseja que eu vá?

Omar: — Sim, eu gostaria muito. Você é de minha total confiança e já é conhecido na estalagem. Enquanto isso, eu cuidarei de nossa partida.

Pécos: — Está bem. Estarei de volta em menos de três horas.

Omar: *(Brinca)*

— Não se preocupe. Não deixarei que o barco parta sem você.

Pécos: — Isso é ótimo. Não vejo a hora de voltar para casa. Até já, Omar.

Omar: — Até já, meu amigo. E obrigado.

PÉCOS SAI.

Omar: — Obrigado por sair do meu caminho. Espero que, dessa vez, seja para sempre. E que você morra... bem devagar. (*ri*)

CENA 57

SALA NO PALÁCIO DE PÉCOS.

JASAR E NALIM.

Nalim: *(Agitada)*

— Não estou entendendo, Jasar. O exército retornou, mas ninguém viu Pécos. Onde ele pode estar?

Jasar: — Eu não sei. Mas acho que não há motivo para preocupação. Já mandei que chamassem Omar para nos esclarecer tudo.

Nalim: — É estranho. Pensei que Pécos viria diretamente para casa. Deve ter acontecido alguma coisa!

Jasar: — Você não deve ficar tão agitada, Nalim. Ainda mais no seu estado atual.

Nalim: — Mal vejo a hora de dar a notícia a Pécos. Será que ele ficará feliz ao saber que fiquei grávida?

Jasar: É claro que ficará. Ele a ama muito. Este filho é o resultado do amor entre vocês.

ENTRA OMAR.

Nalim: — Ah, Omar! Finalmente você chegou! Nós não aguentávamos mais de ansiedade.

OMAR FAZ UMA REVERÊNCIA.

Omar: — Minha senhora... Infelizmente trago notícias muito desagradáveis.

Jasar: — Aconteceu alguma coisa? De que está falando?

Omar: — Você sabe o quanto a estimo, Nalim. Enfrentaria qualquer coisa para não lhe causar o mais leve desgosto.

Nalim: — Por favor! Suas palavras só estão servindo para me deixar mais nervosa. Onde está o meu marido?

Omar: — Como você bem sabe, nosso trabalho é defender nosso faraó e nosso território a qualquer custo. Nessa função, arriscamos a vida constantemente. Sinto muitíssimo por lhe informar que... seu esposo está morto. Morreu a serviço do povo de Tebas.

Nalim: *(Transtornada)*

— O que está dizendo?

Omar: — Pécos está morto. Morreu como um herói.

Nalim: — Não! Eu não acredito! Você está mentindo! Só pode estar mentindo!

Jasar: — Mas como foi que aconteceu, Omar?

Omar: — Ele foi descoberto e preso na estalagem onde nos hospedamos. Um dos meus homens viu que ele foi morto, no mesmo instante, pelos soldados assírios. Nesse momento, eu já cuidava da nossa partida e vi que não podia colocar em risco a vida dos outros homens. Abandonei a Assíria imediatamente e aqui estou com esta terrível notícia.

Nalim: — É mentira!

Jasar: — Calma, Nalim!

Nalim: — Posso ver nos olhos dele que é mentira! Se Pécos está morto, então foi ele quem matou!

Omar: — A senhora me ofende. Por que eu mataria Pécos?

Nalim: — Porque você o odeia! Sempre odiou. Já competia com ele pelo poder e, depois, pelo meu amor. Quando eu o desprezei e escolhi Pécos, pensa que não notei a sua revolta?

Omar: — Meu afeto pela senhora não tem nenhuma relação com o que aconteceu. Eu era amigo do seu marido! E também choro a sua morte.

Nalim: — É mentira! Seu assassino! Covarde! Aposto que pensou que, com a morte dele, eu seria sua. Mas jamais lhe pertencerei. Porque o odeio, o desprezo! Tenho até nojo de pensar nisso!

Omar: *(Nervoso)*

— Eu juro que você está enganada.

Nalim: — Chega! Não quero mais ouvir o som da sua voz!

Omar: — Mas tenho o direito de me defender.

Nalim: — Já disse que chega! Suma de minha casa! Desapareça daqui!

Jasar: — Você ouviu, Omar. Em outra oportunidade, conversaremos com mais calma. Agora é melhor que se retire.

Omar: *(Atrapalhado)*

— Eu lamento sinceramente o que aconteceu. Juro que, um dia, você reconhecerá a minha inocência, Nalim.

Nalim: *(Grita)*

— Saia daqui! Saia imediatamente!

OMAR, HUMILHADO, FAZ UMA REVERÊNCIA E SAI.

NALIM ABRAÇA-SE A JASAR E CHORA CONVULSIVAMENTE.

CENA 58

MUTAÇÃO DO CENÁRIO PARA O DESERTO.

Lucius: *(Off)*

— Humilhado pelas acusações de Nalim, Omar deixou o palácio. Sentia o orgulho ferido por causa das verdades que ouvira, mas procurava consolar-se com a certeza de que seu maior inimigo já estava morto. Entretanto, ao contrário do que pensava, Pécos enfrentava um grande sofrimento, mas continuava vivo. Desejosos de arrancar dele maiores segredos militares, os soldados assírios o mantiveram trancafiado nas masmorras por mais tempo. A cela onde ele estava preso, além de minúscula e malcheirosa, era tremendamente úmida e, ao cabo de poucos dias, Pécos já estava muito doente, febril e desorientado. O carcereiro correu a informar o chefe da guarda sobre o estado do prisioneiro. Horrorizados, chegaram à conclusão de que ele devia ter apanhado a febre maligna, que já havia dizimado milhares de homens na Ásia e que, agora, ameaçava todo o Egito. Com medo da peste, o chefe da guarda ordenou que ele fosse transportado imediatamente para longe da cidade e atirado às areias escaldantes do deserto.

CENA 59

DESERTO.

PÉCOS VAGA PERDIDO SOB O SOL ESCALDANTE, EXAUSTO, À BEIRA DA MORTE. AINDA TENTA LUTAR, MAS MAL CONSEGUE SE MANTER EM PÉ.

Pécos: *(A si)*

— Eles me abandonaram aqui, no meio do nada!... Ahhh! O sol está me matando!... O que vou fazer, meu Deus?... Não vou aguentar muito tempo acordado e os abutres já estão rondando!... Ah, Nalim! Meu amor... Será que nunca mais te verei?... Será que nunca mais vou poder dizer que te amo?

PÉCOS DESMAIA.

UM TEMPO E A VELHA TARSA SURGE E O ENCONTRA.

CENA 60

QUARTO DE OMAR.

OMAR, MUITO EMBRIAGADO, BEBE VINHO.

Omar: *(A si)*

— Ela me odeia! Maldita! Sempre me odiou! Sempre amou aquele estúpido! Minha vontade era voltar lá e obrigá-la. Fazer com que me ame de qualquer maneira! Desgraçada! Disse que me despreza! Que tem nojo de mim! Nojo! Espero que morra! Que saia do meu caminho como aquele cão imundo chamado Pécos... São todos da mesma laia, da mesma corja... Malditos!... Desgraçados!... Malditos!... Malditos!...

OMAR SE RECOSTA E ADORMECE, LARGANDO O COPO DE VINHO AO LADO DA CAMA.

SURGE UMA LUZ. É A APARIÇÃO DA MÃE DE OMAR.

OMAR ACORDA E FICA MARAVILHADO COM A LUZ.

Omar: — Mas o que é isso? Parece... A minha mãe. É você, mãe?... É você?...

Mãe: — Omar...

Omar: *(Impressionado)*

— É mesmo a senhora?

Mãe: — Mais uma vez você fracassa, meu filho. Assim jamais conseguirá encontrar a felicidade. Retorna enquanto é tempo ao bom caminho, Omar! Procura remediar o mal que fez. Procura perdoar os seus inimigos... Salvá-los do abismo escuro onde a sua consciência os arremessou. Só os laços de amor unem as criaturas da forma correta, meu filho amado, trazendo paz, felicidade... Ainda é tempo! Procura reparar o mal que fez e perdoar... Acredite que ainda é tempo, meu filho. Ainda é tempo...

O ESPÍRITO VAI DESAPARECENDO.

OMAR VOLTA A DORMIR. QUANDO A APARIÇÃO SOME TOTALMENTE, ELE ACORDA.

Omar: (*A si*)

— Que estranho, sonhei com minha mãe... Acho que estou impressionado com tudo o que aconteceu. (*ri maldosamente.*) Imagine! Perdoar Pécos! Como se eu pudesse fazer uma coisa dessas. Além do mais, ele não merece o meu perdão! Se fosse preciso, eu o mataria de novo. E mais uma vez até ter certeza de que está bem morto. Aquele maldito não merece nem mesmo o meu pensamento. Ainda bem que já o arranquei definitivamente do meu caminho. Nunca mais vou precisar olhar para ele. Nunca mais!

CENA 61

CASA DE TARSA NO DESERTO.

PÉCOS ESTÁ DEITADO, DORMINDO. TARSA PREPARA UM REMÉDIO PARA ELE.

Pécos: *(Acorda)*

— O quê? Onde estou? Que lugar é este?

Tarsa: — Ah, até que enfim você acordou! Já estava achando que você iria dormir para sempre. Como está se sentindo? (*não espera resposta*) Está se sentindo péssimo, é claro. Mas não se preocupe. Em pouco tempo, você vai se sentir melhor. Beba isso! Vamos, beba! Vai fazer bem.

TARSA OFERECE UM REMÉDIO QUE PÉCOS BEBE.

Pécos: — A senhora me salvou.

Tarsa: — É claro. O que mais eu poderia fazer? Deixar você apodrecendo no deserto? Não, não. Isso iria estragar aquela bela paisagem. (*ri*) Você teve uma sorte tremenda, meu filho. Eu só ando por aquele lugar muito raramente. Ia a caminho de um oásis que conheço para apanhar algumas ervas. As minhas poções só funcionam quando são preparadas com ervas bem frescas.

Pécos: *(Assustado)*

— A senhora é uma feiticeira?

Tarsa: *(Ri)*

— Mais ou menos. Algumas pessoas me chamam de curandeira. Outros dizem que eu sou apenas uma maluca. Mas você pode me chamar de Tarsa.

Pécos: — Tarsa... Muito obrigado por ter me salvado, Tarsa.

Tarsa: — Quem é que deixaria um moço tão bonito para os urubus? (*ri*) Não a velha Tarsa.

Como foi que você se perdeu daquele jeito, meu rapaz?

Pécos: — Eu não sei. Não consigo me lembrar. Minha cabeça está doendo demais.

Tarsa: — Isto é normal. Encoste-se melhor no travesseiro. O sol do deserto pode destruir uma pessoa em pouquíssimo tempo. Como é que você se chama?

Pécos: — Eu... (*espanta-se*) Eu não me lembro! Não sei qual é o meu nome!

Tarsa: — Não se lembra do seu próprio nome?

Pécos: — Não estou conseguindo me lembrar de nada!

Tarsa: — Isso não é nada bom... Já ouvi falar muito desse tipo de coisa. O calor ardente perturbou a sua memória.

Pécos: — Mas o que vou fazer agora? Não sei nem mesmo quem eu sou!

Tarsa: — Uma coisa é certa, meu amigo. Você não é assírio.

Pécos: — Como a senhora sabe?

Tarsa: — Pelo seu sotaque.

Pécos: — Isso não ajuda muito. Eu posso ser de qualquer lugar.

Tarsa: — Calma. À medida que você for melhorando, as recordações haverão de voltar. Depois, é bem possível que a sua família o procure. Por enquanto, você precisa descansar mais. Não deve abusar de suas forças.

Pécos: *(Nervoso)*

— Mas o que vou fazer, Tarsa? Já não sei onde é minha casa. Não sei se tenho família. Não sei nada!

Tarsa: — Se você quiser, aqui tem muito trabalho. Enquanto for melhorando, poderá me ajudar nas plantações. Vai ser bom ter os braços de um homem para fazer o trabalho pesado.

Pécos: — Mas onde eu vou morar?

Tarsa: — Aqui mesmo. (*brinca*) Ou vai ter medo de dormir na casa de uma feiticeira? Você aceita?

Pécos: — Aceito sim. E lhe agradeço muito.

Tarsa: — Precisamos, então, escolher um nome para você. O que você acha de... Morat?

Pécos: — Morat?

Tarsa: — Era o nome do meu filho. Não é bonito?

Pécos: — Muito.

Tarsa: — Então, agora seja obediente e descanse... Morat!

CENA 62

PASSAGEM DE TEMPO COM CENAS MUDAS:

PÉCOS TRABALHANDO NO CAMPO.

JASAR CUIDANDO DE OTIAS.

NALIM, GRÁVIDA, PASSEANDO NO JARDIM.

Lucius: (*Off*)

— Foi assim que Deus permitiu a Pécos mais algum tempo nesta vida. Sua memória, entretanto, não voltou e, por isso, com o novo nome de Morat, ele foi ficando com a bondosa Tarsa. Para ajudá-la, começou a trabalhar nos campos e, em pouco tempo, já era impossível reconhecer nele qualquer traço da antiga figura orgulhosa de guerreiro. Enquanto isso, em Tebas, seu filho com Nalim nascia. Era um lindo menino e recebeu o nome de Pitar. Jasar, além de velar pelo conforto da pobre Otias, que permanecia doente, começou a realizar um grande trabalho assistencial, prestando serviços médicos gratuitos à população pobre daquela região. Depois de algum tempo, Nalim passou a ajudá-lo nessa tarefa e, apesar de toda a dor que sentia pela perda de Pécos, encontrou uma nova razão para sua vida naquele trabalho. Envolveu-se tanto nele que, um dia, assistindo ao caso de uma menina que perdera os pais, Nalim não resistiu e, num ato de grande amor, adotou-a. Seu nome era Sinat e ela era uma criança muito doce e carinhosa... Foi assim que, sem o saber, Pécos ganhou dois filhos neste mundo. Mais uma vez, então, o tempo implacável passou sobre a nossa história. Um dia foi se somando a outro, até somar um ano, depois outro... Nossos personagens, através da luta árdua de seu trabalho diário, através de suas alegrias e dores, foram pouco a pouco envelhecendo, amadurecendo, transformando-se cada vez mais. Por fim, passaram-se quase vinte anos! Um longo período de separação. Porém, eles permaneciam unidos em seus corações. E aprendendo que o tempo e a distância, tão relativos, não significam nada para o verdadeiro amor.

CENA 63

SALA NO PALÁCIO DE PÉCOS.

JASAR ESTÁ DE COSTAS PARA O PÚBLICO QUE NÃO VÊ O SEU ROSTO. ENTRA PITAR.

Pitar: — Tio Jasar!

JASAR SE VOLTA. ESTÁ ENVELHECIDO E TEM OS CABELOS GRISALHOS. ABRAÇA PITAR.

Jasar: — Ah! Meu sobrinho predileto! Como é que vai?

Pitar: *(Ri)*

— Muito fácil ser o predileto quando se é o único.

Jasar: *(Ri)*

— Tem razão. E a minha sobrinha predileta, onde está?

Pitar: — Sinat está ajudando minha mãe na cidade. Elas foram comprar um vestido, eu acho.

Jasar: — Ótimo.

Pitar: — Tio, queria fazer-lhe uma pergunta.

Jasar: — Pode falar.

Pitar: — É sobre o meu pai. Mamãe não gosta muito que eu fale sobre isso, mas é certo que ele morreu?

Jasar: — Não sei, Pitar. Na verdade, ele desapareceu. A única informação que tivemos foi a de que ele tinha morrido. Mas confesso a você que ainda tenho esperança. Talvez ele tenha sido capturado como escravo e esteja preso por aí, em algum lugar.

Pitar: — Eu gostaria muito de ter conhecido meu pai.

Jasar: — Pécos era um grande homem. Muito corajoso, muito decidido. Você ia gostar demais dele. E tenho certeza de que ele teria um tremendo orgulho de você também.

Pitar: — Ele gostava muito da minha mãe?

Jasar: — Ele era muito apaixonado por ela. Um dia você vai entender o que é isso.

Pitar: — Acho que eu já entendo.

Jasar: — Como assim?

Pitar: *(Envergonhado)*

— Ah... Prefiro não falar sobre isso.

Jasar: — Não vá me dizer que está gostando de alguma moça.

Pitar: — Por que tanto espanto? Eu já tenho dezenove anos, tio.

Jasar: — É claro. Como o tempo passa, meu Deus!

ENTRAM NALIM E SINAT, QUE CARREGA UM EMBRULHO.

NALIM TAMBÉM ESTÁ MAQUIADA PARA PARECER VINTE ANOS MAIS VELHA.

Jasar: — Ah, elas chegaram!

Sinat: — Olá, tio Jasar.

SINAT BEIJA JASAR.

Jasar: — Olá, minha querida. A cada dia que passa, você fica mais bonita.

Sinat: — O senhor é que é gentil. (*tímida*) Olá, Pitar.

Pitar: *(Constrangido)*

— Olá.

NALIM BEIJA PITAR.

Nalim: *(A Jasar)*

— E Otias, Jasar? Como está passando?

Jasar: — Infelizmente na mesma. Ela parece sempre muito triste. É compreensível...

Nalim: — Vou fazer uma visita para ela mais tarde.

Jasar: — Será ótimo. Muito obrigado.

Sinat: — Ganhei um vestido lindo, tio Jasar.

Jasar: — Que bom. Depois quero vê-lo.

Sinat: *(A Nalim)*

— Posso ir experimentá-lo, mamãe?

Nalim: — Claro que pode.

SINAT, GRACIOSAMENTE, FAZ UMA MESURA E SAI CORRENDO COM O EMBRULHO.

Nalim: — Eu também vou me preparar para o almoço. Até já.

Jasar: — Até já.

OS DOIS HOMENS FAZEM UMA REVERÊNCIA. NALIM SAI.

Jasar: — Acho que você escolheu muito bem, Pitar.

Pitar: *(Espantado)*

— O quê?

Jasar: — Pensa que não vi o jeito como você olhou para Sinat? E quer saber de uma coisa? Acho que ela lhe corresponde.

Pitar: — Eu gosto tanto dela que, às vezes, nem acredito, tio. Será que mamãe concordaria com isso?

Jasar: — E por que não? Sinat veio de uma família

muito humilde, mas é uma moça riquíssima de qualidades e de sentimentos.

Pitar: — Eu a amo muito.

Jasar: — Isso me deixa muito feliz.

Pitar: — Nós fomos educados, como o senhor sabe, em alas diferentes do palácio. Eu sonhava em sair, ir aos bailes, conhecer as mulheres da corte... Mas, agora que cheguei à idade de aparecer em sociedade, percebi que a melhor escolha estava muito mais perto do que eu pensava. Ela é maravilhosa, tio Jasar.

Jasar: — É mesmo encantadora.

Pitar: — Só tenho medo de uma coisa: e se ela não gostar de mim? Como vou saber o que ela sente?

Jasar: — Você tem de perguntar a ela, ora essa!

Pitar: *(Bravo)*

— Perguntar a ela? O senhor está brincando! Eu não vou conseguir fazer isso nunca!

Jasar: *(Ri)*

— Coragem! É o único jeito.

CENA 64

CASA DE TARSA.

TARSA, JÁ BEM ENVELHECIDA, ARRUMA UMA SACOLA PARA REALIZAR UMA VIAGEM. ENTRA PÉCOS, CHEGANDO

DO TRABALHO. ELE TAMBÉM ESTÁ ENVELHECIDO. BEIJA TARSA.

Tarsa: — Ah, meu querido! Que bom que chegou. Como é que foi o trabalho hoje?

Pécos: — Muito bem. Acho que vamos ter uma boa colheita no final do ano. Mas o que a senhora está fazendo?

Tarsa: — Arrumando as minhas coisas.

Pécos: — Por quê? A senhora vai viajar?

Tarsa: — Não. Nós vamos.

Pécos: — Como assim?

Tarsa: — Você tem cinco minutos para arrumar as suas coisas. Vamos lá, não perca tempo.

Pécos: — Eu não vou arrumar coisa alguma enquanto a senhora não me explicar o que está acontecendo.

Tarsa: — Nós vamos para Dresda.

Pécos: — Dresda? Mas é quase na costa do Mediterrâneo.

Tarsa: — Podemos tomar um banho de mar.

Pécos: — A senhora quer parar de brincar e me explicar que história é essa?

Tarsa: — Acontece que descobri uma pessoa que pode curá-lo.

Pécos: *(Desanimado)*

— Ah, tia Tarsa. Pare com isso! Nós já tentamos tudo. Já procuramos tanta gente e ninguém conseguiu me ajudar em nada. Já faz quase vinte anos que perdi a memória. Isso não tem mais cura.

Tarsa: *(Brava)*

— Mas o que é isso? Agora perdeu as esperanças, por acaso? Não foi isso que eu lhe ensinei nesses anos todos!

Pécos: — Agora já nem sei se vale a pena saber sobre minha vida antiga. Eu estou muito bem aqui.

Tarsa: — Não minta para mim. Eu sei que você morre de curiosidade. E quer saber? Eu também!

Pécos: — Mas em Dresda, tia Tarsa?

Tarsa: — As melhores coisas são as mais difíceis. Ouvi falar de uma mulher muito poderosa que vive lá. Dizem que ela possui um estranho poder. Ela cura os doentes apenas com a energia das mãos! Você já imaginou? Coloca as mãos em frente ao rosto da pessoa (*demonstra em Pécos*) e... bum!!! A pessoa está curada!

Pécos: *(Rindo)*

— Ah... tia Tarsa! A senhora acredita nisso?

Tarsa: — E por que não? Existem tantos mistérios neste mundo, meu querido. E não fica só nisso. Pelo que dizem, ela consegue entrar em contato com os espíritos. Ela ouve o que eles dizem e aconselha as pessoas.

Pécos: — A senhora sempre fez tudo para me ajudar. Mas a verdade é que o meu passado já está morto. Duvido que ainda exista alguém que se preocupe comigo depois de tantos anos.

Tarsa: — Você nunca vai saber se não procurar descobrir.

Pécos: *(Cauteloso)*

— A verdade é que... tenho medo.

Tarsa: — É claro que tem. Mas, meu querido, você não tem a obrigação de se curar. Se não der certo, tudo bem. Só não posso morrer sem ter feito tudo o que poderia para ajudá-lo. Você sabe que é como um filho para mim.

Pécos: — Foi Deus que a colocou no meu caminho. Obrigado, tia Tarsa.

Tarsa: — Tudo bem. Não vamos começar a chorar como dois bobos. Vá depressa arrumar suas coisa, vá.

Pécos: — Sim, senhora. Eu sei que, se disser não, a senhora me arrasta do mesmo jeito. Deixo tudo pronto num minuto.

PÉCOS BEIJA TARSA E VAI ARRUMAR SUAS COISAS.

CENA 65

JARDIM NO PALÁCIO DE PÉCOS.

SINAT ALI, MUITO TRISTE. ENTRA PITAR.

Pitar: — Sinat? O que está fazendo aí sozinha?

Sinat: — Nada. Estava pensando.

Pitar: — Eu a achei tão triste no jantar, ontem. E, agora, o dia amanhece e a encontro aqui, sozinha no jardim. O que você tem?

Sinat: — Estou preocupada, Pitar. Fiquei sabendo que o exército vai partir para Quinit dentro de algumas semanas.

Pitar: — É verdade.

Sinat: — E você também vai, não é?

Pitar: — É claro que vou. Eu sou um militar como foi o meu pai. Você está preocupada comigo? É isso?

Sinat: — É claro. O que é que você queria?

Pitar: — Gosto de saber que você se preocupa comigo.

Sinat: — Você vai tomar cuidado, não vai?

Pitar: — Estou muito bem preparado. Vou voltar como um herói e deixar você orgulhosa.

Sinat: — Você não precisa ser um herói para me deixar feliz. Basta que seja o que é.

Pitar: — Se eu demorar... Você vai ficar com saudade?

Sinat: — É claro que vou.

Pitar: *(Sem jeito)*

— Eu queria muito lhe dizer uma coisa... Mas não sei como.

Sinat: *(Feliz)*

— Não precisa me dizer. Eu sei.

Pitar: *(Surpreso)*

— Sabe?

Sinat: — Se é o mesmo que estou pensando...

OS DOIS SE BEIJAM.

Pitar: — Eu a amo.

Sinat: — Também o amo demais.

Pitar: — Quando eu voltar da guerra e estiver numa posição mais bem estabelecida... Será que você gostaria de... (*atrapalha-se*) Meu Deus! Como é que eu vou dizer isso?... Você gostaria de se casar comigo?

Sinat: — Eu não sei, Pitar.

Pitar: *(Ofendido)*

— Então você não me ama.

Sinat: — É claro que amo. Só que nós nascemos em classes sociais diferentes. Não sou uma nobre como você.

Pitar: — Claro que é. Você é a criatura mais nobre que conheço. Se você aceitar, prometo que arranjo tudo. Faço qualquer coisa por você. Você aceita?

Sinat: — Está bem. Eu aceito. Mas, agora, é melhor que a gente entre. Já devem ter notado a minha ausência.

Pitar: — Primeiro jure que será a minha mulher.

Sinat: — Se é o que você quer, eu juro.

BEIJAM-SE NOVAMENTE.

CENA 66

CASA DE SOLIMAR EM DRESDA.

TARSA E PÉCOS ESTÃO À ESPERA DE SEREM ATENDIDOS.

Tarsa: — E então, Morat? Viajamos tanto tempo para chegar até aqui e você não falou quase nada. Não está animado?

Pécos: — Estou é preocupado, tia Tarsa. Quando é que a tal mulher vai aparecer?

Tarsa: — Disseram que ela está atendendo uma pessoa, mas que logo vem nos ver. Não fique tão nervoso. Vai dar tudo certo!

Pécos: — Mas e se não adiantar de nada? Aposto que só perdemos o nosso tempo vindo até Dresda.

Tarsa: *(Brinca)*

— Se não der certo, a gente esquece. Pra você não vai ser tão difícil.

Pécos: — Não tem graça nenhuma.

Tarsa: — Você é que está de mau humor. Ânimo, meu filho. Vamos lá!

Pécos: — Tudo bem. Eu vou tentar.

ENTRA SOLIMAR. ELA TAMBÉM ESTÁ ENVELHECIDA.

Tarsa: — Ah, aí está a senhora! Muito boa tarde.

Solimar: — Boa tarde. Desculpem a demora, por favor.

SOLIMAR OLHA PARA PÉCOS E SE ESPANTA.

Solimar: — Meu Deus! Mas é você!

Pécos: *(Nervoso)*

— A senhora... me conhece?

Solimar: — Claro que sim! Você não se lembra de mim?

Tarsa: *(Animadíssima)*

— Ah! Eu não disse, Morat? Eu não disse que havia esperança? (*a Solimar*) Ele perdeu a memória há muitos anos, senhora. Não se recorda de absolutamente nada de sua vida passada. Viemos até aqui para pedir a sua ajuda.

Solimar: — Meu Deus!... A senhora veio ao lugar certo! Eu o conheço! Sei quem ele é!

Pécos: *(Emocionado)*

— Por tudo que é sagrado, senhora! Meu passado é como um vale de escuridão para mim. Não sei de onde vim... Não sei se tenho família... Nem mesmo sei qual é o meu nome. Se a senhora pode me ajudar de alguma maneira, então, por favor, não me esconda nada.

Solimar: — Juro que vou lhe contar tudo. Sei muito sobre sua vida.

Pécos: *(Feliz)*

— Eu nem posso acreditar!

Tarsa: — Eu não disse? A esperança não pode morrer nunca, meu querido! Bem que eu falei!

Solimar: — É incrível. Você não se lembra mesmo de coisa alguma?

Pécos: — Antes do dia em que fui encontrado no deserto por Tarsa, há uns vinte anos atrás... é como se eu não existisse. Não lembro de minha infância e nem de minha mocidade. Não lembro de nada.

Solimar: — Pois parece que, depois de tanto tempo, Deus decidiu levantar o véu que encobre o seu passado. Você deve aproveitar esta bênção para crescer.

Pécos: — A coisa que eu mais quero no mundo é saber de toda a verdade, senhora. Descobrir, finalmente, quem eu sou!

Solimar: — Seu nome verdadeiro é Pécos.

Pécos: — Pécos?

Solimar: — Você foi um grande general em Tebas.

Tarsa: *(Rindo)*
— Quem diria!...

Solimar: — E lá você deixou sua família, meu amigo.

Pécos: *(Feliz, a Tarsa)*
— Então, tenho mesmo uma família! Talvez eles ainda estejam vivos, Tarsa.

Solimar: — Chegou a hora de você descobrir.

Pécos: *(Cauteloso)*
— E eu... era casado?

Solimar: Era sim. Com uma bela mulher. Vocês se amavam muito.

Pécos: — Meu Deus.

Solimar: — O nome dela era Nalim.

Pécos: — Ela deve achar que eu morri.

Solimar: — É bem provável. Mas tenho certeza de que ficará muito feliz quando souber que você está vivo.

ENTRA SOLIAS, ENVELHECIDO E LOUCO.

Solias: — Eu estou com sede, Solimar.

Solimar: — Pode apanhar a água, Solias.

SOLIAS VÊ PÉCOS E SE ASSUSTA MUITO.

Solias: — Mas o que é isso? O que é isso?

Pécos: (*Espantado com a reação*)
— O que foi? O que ele tem?

Solias: — Ele voltou! Meu Deus todo-poderoso! Ele voltou para me matar!

Solimar: — Calma, Solias. Calma!

Solias: (*A Pécos*)
— Você veio me buscar, não é? Veio arrancar o meu coração! Não deixe que ele me mate, Solimar! Por favor! Por favor! Diga que a culpa não foi minha!

SOLIAS SE PROTEGE ATRÁS DE SOLIMAR.

Solimar: — Calma, Solias! Está tudo bem.

SOLIAS TIRA UMA FLOR SECA DO BOLSO E, MEDROSO, MOSTRA-A PARA PÉCOS.

Solias: — Olhe aqui! Você está vendo? É a mesma flor! A mesma rosa!

Pécos: — Mas por que você está me mostrando isso?

Solias: — A culpa não foi minha! Foi da rosa! (*ri enlouquecidamente*) Da rosa vermelha! Agora ela está ressecada, mas eu juro que era bem vermelha. (*fica sério*) Vermelha como o sangue da criança!... Como o sangue, meu Deus!

Solimar: — Pare com isso, Solias. Está tudo bem.

Solias: (*A Pécos, muito nervoso*)

— Você me perdoa? Me perdoa? Eu não sabia que a criança estava lá. A pobre criança, meu Deus! Agora, ela está dormindo. É tão pequenina. Está dormindo nos braços de Deus. (*mostra a flor ressecada*) Olhe aqui! Essa é a prova de que não tive culpa. Você tem de acreditar em mim. À noite, quando durmo, vejo a serpente se aproximando de mim. Vejo seus olhos na escuridão. Eu queria matá-la, mas tenho tanto medo! Os olhos brilham no escuro como chamas! Isso já é um castigo, não é? Você não precisa me matar!

Pécos: — Não vou lhe fazer nenhum mal. Fique calmo.

Solias: — Você jura?

SOLIMAR ABRAÇA SOLIAS.

Solimar: — Não tenha medo, Solias. Ninguém vai fazer-lhe mal. Venha comigo. Vou levá-lo para um lugar seguro, está bem?

SOLIMAR VAI LEVANDO SOLIAS.

Pécos: — Ele também me conhece muito! Eu lhe imploro para que me conte tudo o que sabe, senhora.

Solimar: — Eu vou lhe contar. Você vai saber de tudo. Volto num instante para conversarmos melhor.

SOLIMAR SAI COM SOLIAS.

Tarsa: *(Animada, a Pécos)*

— Eu não disse? Sabia que ela ia poder ajudar!

Pécos: — Se tudo isso for mesmo verdade, você irá comigo conhecer minha família, não é?

Tarsa: — Não, meu querido. Vou continuar na minha casa, onde sempre estive. Quando você puder, irá me visitar. E, quem sabe, pode ir até com a sua esposa!

Pécos: — Eu nem acredito.

Tarsa: — Você merece um pouco de felicidade, Morat. (*atrapalha-se*) Quer dizer... Agora você não é mais Morat. Como foi que ela disse que era o seu nome?

Pécos: — Pécos.

CENA 67

CENA MUDA: PÉCOS SE APRONTA PARA VIAJAR, DESPEDE-SE DE TARSA E PARTE.

Lucius: (*Off*)

— Foi assim que, depois de tantos anos, os destinos de Pécos e Solimar voltaram a se encontrar, transformando-lhes a vida. Pécos partiu de Dresda, com a intenção de retornar ao seu lar. Essa viagem era para ele, agora, como atirar-se ao desconhecido. Sabia que já era impossível reconhecer nele o antigo soldado e não fazia ideia de como sua família e esposa o receberiam. Ele levou mais de um mês para chegar a Tebas e, sem saber como agir, andou muito tempo a esmo pelas ruas da cidade. Finalmente, cansado e abatido pelo esforço da viagem, sentou-se no chão para descansar.

CENA 68

RUA DA CIDADE.

PÉCOS ESTÁ SENTADO NO CHÃO, AO LADO DE SUA BAGAGEM. APARECE UM SOLDADO.

Soldado: — O que está fazendo aí, mendigo? Não sabe que é proibido ficar aqui?

Pécos: — Mas por quê?

Soldado: — Esta é uma área militar. Desapareça da minha vista de uma vez.

Pécos: — Eu já estou indo. Mas, antes, queria fazer uma pergunta ao senhor.

Soldado: — Fale de uma vez!

Pécos: — O senhor já ouviu falar de Pécos?

Soldado: — O general? Claro que sim. Ele era um grande herói. Um grande guerreiro. Agora, o filho dele parece estar seguindo o mesmo caminho.

Pécos: *(Espantado)*

— Ele tem um filho?

Soldado: — O jovem Pitar. Um ótimo soldado. Pelo que sei, depois que Pécos desapareceu, a mulher dele também adotou uma menina.

Pécos: — A mulher dele... é viva?

Soldado: — Claro. É uma senhora muito bonita.

Pécos: — Algum dia você viu o general Pécos de perto?

Soldado: — Bem, de perto não. E também faz muito tempo. Mas sempre o via nas paradas.

Pécos: — Por acaso... ele era parecido comigo?

Soldado: *(Ri)*

— Parecido com você? Está brincando! Ele era um nobre soberbo, poderoso... Não um velho vencido como você. Você é maluco, por acaso?

Pécos: — Não, senhor. Sinto muito.

Soldado: — Suma daqui de uma vez, seu estúpido!

PÉCOS, OFENDIDO, CONFORMA-SE E SAI.

Soldado: *(A si)*

— Que pretensão! Comparar-se com Pécos! No mínimo é louco o desgraçado!

O SOLDADO SAI.

CENA 69

JARDIM DO PALÁCIO DE PÉCOS.

NALIM ALI, SOZINHA. PÉCOS APARECE AO LONGE.

Pécos: *(À parte)*

— Meu Deus! Deve ser ela!... É mesmo bonita como disseram... Será que vai me reconhecer?

ENTRA O SOLDADO E O SEGURA PELO BRAÇO.

Soldado: — Você está preso em nome do faraó! Fique quieto e me acompanhe.

Pécos: — Por quê? Não fiz nada de errado.

Soldado: — Cale-se e me acompanhe. Tenho ordens para levá-lo.

Pécos: — Espere um minuto! Eu não fiz nada!

O SOLDADO VAI LEVANDO PÉCOS.

Pécos: *(Grita)*

— Senhora!... Senhora!...

NALIM SE VOLTA ASSUSTADA, MAS O GUARDA SAI COM PÉCOS.

CENA 70

SALA NO PALÁCIO DE PÉCOS.

NALIM E JASAR.

Nalim: — Fiquei tão impressionada, Jasar. Juro que parecia a voz dele.

Jasar: — Sempre duvidei da morte de meu irmão, como você bem sabe. Mas você não disse que ele a chamou de "senhora"? Se fosse alguém tão íntimo quanto Pécos, a teria chamado pelo nome.

Nalim: — Tem razão. Não pude ver o rosto dele com clareza, mas acho que era um homem muito mais velho do que ele seria. Com certeza, era algum vadio sendo preso. Devia estar querendo que eu intercedesse a seu favor. Mas é que a voz era tão parecida! Gostaria de ir até o forte para vê-lo.

Jasar: — Se quiser, nós iremos. Mas talvez tenhamos de nos encontrar com Omar.

Nalim: — Isso seria desagradável, sem dúvida. Mas, talvez, valha a pena. É melhor do que ficar nesta incerteza.

Jasar: — Muito bem. Se isso vai deixá-la mais tranquila, iremos amanhã de manhã.

Nalim: — Obrigada, Jasar. É engraçado... Mesmo depois de tantos anos, meu sentimento permanece o mesmo. Apesar desta separação tão longa, eu continuo apaixonada por Pécos.

Jasar: — Nada altera um sentimento verdadeiro, minha amiga.

CENA 71

PRISÃO.

OMAR, TAMBÉM ENVELHECIDO, ESTÁ INTERROGANDO PÉCOS.

Omar: — Mal posso acreditar nos meus olhos... Você voltou! Você é como uma sombra que me persegue, *seu* maldito!

Pécos: — Juro que não sei do que o senhor está falando. Não fiz nada de errado!

Omar: — Você está querendo me enganar com esta história de amnésia, não é? Por que não diz logo aonde quer chegar?

Pécos: — Juro por tudo o que é sagrado! Eu não me lembro de nada!

Omar: — Quer dizer que você realmente não me reconhece?

Pécos: — Já disse ao senhor. Tenho uma vaga sensação de tê-lo conhecido um dia, mas não sei de onde... Não sei como... Eu não sei de nada!

Omar: — Mas isso é mesmo muito interessante! Pois fique sabendo que eu o conheço muito bem! Agora que voltou para as minhas mãos, vai ter de pagar pelos seus crimes.

Pécos: — Mas que crimes? Eu não fiz nada!

Omar: — Não me venha com esta conversa, seu

assassino odioso. Já faz muitos anos, mas eu não me esqueci.

Pécos: — Não sei do que o senhor está falando.

Omar: — Você matou uma criança!

Pécos: — O quê? Não! Só pode ser mentira. Eu jamais faria uma coisa dessas.

Omar: — Pois eu lembro como se fosse hoje. Você colocou uma serpente venenosa no quarto de um menino indefeso e fugiu.

Pécos: — Por que eu faria uma coisa dessas?

Omar: — Por dinheiro. Por que mais? Mas, agora, chegou o momento de você pagar pelo que fez.

Pécos: — Por favor, senhor. Juro que não me lembro de ter feito nada. Só vim a Tebas porque me disseram que eu vivia aqui, antes de ter perdido a memória. Falaram que meu nome era Pécos e que eu tinha sido um grande guerreiro.

Omar: — E você acreditou nessa bobagem? Seu estúpido! Meu soldado fez muito bem em contar que havia um louco pela cidade querendo se passar pelo meu grande amigo. Fique sabendo que eu mesmo assisti à morte do general Pécos. Você não passa de um criminoso nojento.

Pécos: — Eu não sei o que dizer. Não tenho como me defender.

Omar: — Não há defesa para um bandido odioso como você!

Pécos: — O senhor não precisa falar assim comigo.

OMAR ESBOFETEIA PÉCOS.

Omar: — Não responda para mim! Posso acabar com a sua vida agora mesmo e sangrá-lo como a um porco!

Pécos: — Pelo amor de Deus. Eu juro que não lembro de ter feito nada! O senhor tem de me ajudar.

Omar: — Vou dar-lhe uma chance. Agradeça a Deus por eu ser um homem tão caridoso.

Pécos: — O que vai acontecer comigo?

Omar: — Daqui a uma semana, vai partir uma expedição para Quinit. Meus homens vão levar uma carga de escravos para trabalhar na construção de uma pirâmide. Vou ordenar que você siga com ela. É o máximo que posso fazer por você.

Pécos: — Acho que não tenho outra alternativa.

Omar: — Sua outra escolha é a morte. Está decidido.

OMAR VAI SAINDO.

Pécos: — Como é o nome do senhor?

Omar: — Por que quer saber?

Pécos: — Por um momento pensei ter lembrado de qualquer coisa.

Omar: — Deixe para lembrar do que quiser quando estiver acorrentado em Quinit.

Pécos: — Deve haver mais gente que me conhece aqui em Tebas. Será que eu não poderia falar com uma dessas pessoas?

Omar: — Isso está fora de questão. Inclusive, acabei de ter uma ótima ideia. Vou transferir você para uma cela isolada. Será como se você já tivesse partido. Não quero que ninguém o veja. De maneira nenhuma.

Pécos: — Mas por quê?

Omar: — Não quero que saibam que o estou ajudando ou isso poderia me prejudicar. Você teve mesmo muita sorte de cair nas mãos de um homem bondoso como eu. Logo já estará bem longe daqui. Escravizado, mas vivo. (*à parte*) "É uma pena que eu não possa matá-lo de uma vez... O risco seria grande demais... Muitas pessoas poderiam reconhecê-lo... Maldito!... Espero que, dessa vez, eu me livre dele para sempre."

OMAR SAI.

CENA 72

CENAS MUDAS:

SOLIMAR CHEGANDO AO PALÁCIO DE PÉCOS, DEPOIS DE UMA GRANDE VIAGEM.

SOLIMAR E NALIM SE REENCONTRAM E SE ABRAÇAM, EMOCIONADAS.

Lucius: *(Off)*

— Mais uma vez, Omar tentava torcer a rota do destino com suas próprias mãos. Na verdade, tudo o que conseguia era aumentar ainda mais os seus desvios, atrasando tristemente a sua elevação para um plano superior. Assim, enquanto Pécos pagava seu tributo aos erros do passado, Omar angariava dolorosas provas para o futuro. Mas não era apenas Pécos que estava de volta a Tebas. Pouco depois de sua partida, Solias chegou ao fim de sua vida destruído pela loucura e pelo remorso. Solimar julgou, então, que já era tempo de se reencontrar com seus queridos amigos, Nalim e Jasar. Assim, enquanto Pécos se preparava para retornar à vida de escravo, Solimar chegava, depois de tantos anos, ao palácio onde havia conhecido tanta alegria e tanto sofrimento.

CENA 73

SALA NO PALÁCIO DE PÉCOS.

SOLIMAR E NALIM, EMOCIONADAS COM O REENCONTRO.

Nalim: — Nem acredito, Solimar! Quanto tempo, minha amiga!

Solimar: — Quase vinte anos.

Nalim: — E você está tão bem... Que alegria revê-la!

Solimar: — Eu continuo uma boba. Estou morrendo de vontade de chorar.

Nalim: — E eu também. Mas acho que temos é de ficar felizes.

Solimar: — É claro que sim.

Nalim: — Todo esse tempo e eu sem saber o que tinha acontecido com você. Senti tanta falta de sua companhia, de seu apoio.

Solimar: — E eu também, Nalim.

Nalim: — Nossa vida não foi nada fácil durante esse tempo, não é, minha amiga?

Solimar: — Acho que não podemos reclamar. Aprendemos tanto... Crescemos tanto...

Nalim: — Acho que eu aceitaria tudo com mais facilidade se não tivesse perdido Pécos... Isso foi um grande golpe para mim.

Solimar: — Você acredita seriamente na morte dele?

Nalim: — Às vezes, chego a duvidar. De verdade! Quase sinto que ele está vivo em algum lugar. Mas, se ele não tivesse morrido, teria voltado para casa para me encontrar. Você não acha?

Solimar: — Quer saber de uma coisa? Pensei que ele já estaria aqui quando eu chegasse.

Nalim: — Como assim?

Solimar: — Eu o vi, Nalim. Ele está vivo!

Nalim: *(Nervosa)*

— Você o viu? Tem certeza?

Solimar: — Absoluta. Conversei com ele.

Nalim: — Meu Deus! Está falando sério?

Solimar: — Eu jamais brincaria com uma coisa dessas. Só não entendo porque ele ainda não chegou aqui.

Nalim: — Mas então... Aquele homem que eu vi era mesmo ele.

Solimar: — Você o viu?

Nalim: — Vi de longe. Ele estava sendo preso e eu não tive certeza se era mesmo ele. Mas, então, devia ser!

Solimar: — Vamos procurá-lo, então.

Nalim: — Eu fiz isso. Fui até as masmorras. Só que, quando chegamos lá, um soldado disse que o tal homem não passava de um bandido e que já havia partido com um grupo de escravos. Eu não consigo entender.

Jasar: *(Ansioso)*

— Nalim! Me disseram que... (*vê Solimar*) Me disseram que você tinha voltado, Solimar.

Solimar: — É verdade. Eu estou aqui.

SOLIMAR E JASAR FICAM SE OLHANDO UM TEMPO EM SILÊNCIO, COM MUITO AFETO. FINALMENTE NÃO RESISTEM E SE ABRAÇAM.

Jasar: — Eu sabia. Tinha certeza de que ainda iria revê-la. Tive tanta saudade.

Solimar: — E eu também. Senti tanta falta de você... de Nalim...

Jasar: — Como você está?

Solimar: — Estou bem. E você?

Jasar: — Muito melhor agora que a estou vendo. Se você soubesse como sonhei com isso.

Nalim: *(Ansiosa)*

— Jasar... Solimar me disse que Pécos ainda está vivo.

Solimar: — É verdade. Eu tenho certeza.

Jasar: — Isso é maravilhoso.

Nalim: — Nós temos de encontrá-lo, Jasar.

Jasar: — Depois que Solimar nos contar tudo o que sabe, eu vou procurá-lo. Se é certo que está vivo, então nós o encontraremos.

Nalim: — Meu Deus... eu nem posso acreditar.

ENTRA SINAT.

Sinat: — Tio Jasar... Ah, boa tarde, mamãe. (*faz uma mesura para Solimar*) Senhora.

Nalim: — Boa tarde, minha querida. Essa é minha amiga Solimar, de quem tanto falei.

Sinat: — Finalmente conheço a senhora. Mamãe sempre falou muito sobre a amizade de vocês. Ela sempre diz que quer me ensinar a ser uma pessoa como a senhora.

Solimar: — Imagine. Isso é bondade de sua mãe.

Jasar: — Você queria falar comigo, Sinat?

Sinat: — Sim, senhor. Estou preocupada porque minha tia está se recusando a comer a sua refeição e está muito perturbada. Não faz nada além de chorar.

Jasar: — Já vou vê-la num segundo. (*a Solimar*) Infelizmente, Otias ficou muito doente. Não pode mais sair da cama e vive sempre muito triste.

Solimar: — Eu sinto muito.

Jasar: — Tenho de ir até lá e conversar com ela. (*a Nalim*) Quanto a Pécos, acho que devemos ficar calmos para agirmos de forma correta. Depois que Solimar nos contar tudo o que sabe em detalhes, tomaremos as medidas necessárias para achá-lo.

Nalim: — Está bem, Jasar.

Jasar: — Por enquanto, procure ficar tranquila. Por que não vai apresentar seu outro filho para Solimar?

Nalim: — É uma ótima ideia. (*a Solimar*) Você vai adorar conhecer Pitar. Ele deve estar partindo para a guerra dentro de alguns dias. Amanhã já vai partir para exercícios militares nos arredores de Tebas. Acho que minha sina é me preocupar com os homens que amo. Então Pécos está mesmo vivo, meu Deus!

Jasar: *(A Solimar)*

— Como sempre, você chega iluminando tudo com boas novas, minha amiga. Eu me encontro com vocês daqui a pouco.

JASAR SAI.

CENA 74

QUARTO DE OTIAS.

OTIAS ESTÁ DEITADA NA CAMA E JASAR SENTADO À CABECEIRA, AO SEU LADO.

Jasar: — Por que está tão nervosa, minha querida? Estou vendo nos seus olhos que quer me perguntar alguma coisa. O que é? Você estava preocupada porque eu ainda não tinha vindo vê-la? É isso?

OTIAS CONCORDA COM UM SUTIL MOVIMENTO DE CABEÇA. JASAR FAZ UM CARINHO NOS CABELOS DELA.

Otias: *(Off)*

— Por que você não veio?... Com certeza está cansado de mim... da minha doença... Ah, eu sei que você nunca me amou, Jasar. Mas, se você se afastar de mim, eu não vou suportar. Você é tudo que me resta.

Jasar: — Ouve, minha querida... Sempre que chego, a minha primeira visita é para você. Só demorei hoje porque tive de tratar de um assunto inesperado. Na verdade, é uma notícia extraordinária. Pécos não morreu, você acredita? Está desaparecido, mas não morto. Solimar o encontrou. Não é maravilhoso?

Otias: *(Off)*

— Solimar!... Então a escrava voltou! No mínimo, veio roubá-lo de mim mais uma vez... No mínimo, continua bonita!... Enquanto que eu já não passo de um espectro... de uma sombra de mulher.

Jasar: — Por favor, não fique tão agitada. Não vá me dizer que está com ciúmes.

OTIAS, ANGUSTIADA, SEGURA A MÃO DE JASAR.

Jasar: — Já lhe expliquei muitas vezes que ela é apenas minha amiga. Você sabe que sempre fui fiel a você. Que sempre a respeitei.

Otias: *(Off)*

— Tenho tanto medo... Tanto medo de perdê-lo..

Jasar: — Agora você deve descansar um pouco. Logo voltarei para vê-la de novo. Tente descansar, minha querida.

JASAR BEIJA OTIAS NA TESTA, LEVANTA-SE E SAI.

Otias: *(Off)*

— Eu não aguento mais esta prisão... Não aguento mais este sofrimento... Eu sei que errei muito... Que mereço este castigo... Mas já estou tão cansada... E me arrependo tanto... tanto... Deus, tende piedade de mim.

CENA 75

TENDA DE GUERRA.

PITAR ESTÁ PROGRAMANDO PLANOS DE ATAQUE E FALA COM UM SOLDADO.

Pitar: — Os homens devem saber que esse exercício preparatório é muito importante.

Soldado: — Sim, meu senhor.

Pitar: — Não estamos aqui para brincadeiras! Em três dias, partiremos para a guerra e então os ataques serão verdadeiros. Muitos morrerão se não estivermos bem preparados.

Soldado: — Vamos nos entregar ao treinamento como se já estivéssemos na batalha, meu senhor.

Pitar: — Ótimo. Há também uma outra coisa. Eu gostaria de ter um escravo à minha disposição para me ajudar com as armas. Pode conseguir um para mim?

Soldado: — Sim, senhor. Há uma carga de escravos partindo para Quinit amanhã de madrugada. Posso escolher um para o senhor.

Pitar: — Muito bem. Escolha o que lhe aprouver. Qualquer um serve. Quero que esteja aqui em meia hora.

Soldado: — Assim será feito, meu senhor.

O SOLDADO FAZ UMA REVERÊNCIA E SAI.

CENA 76

QUARTO DE OTIAS.

OTIAS ESTÁ NA CAMA, SILENCIOSA.

UMA LUZ VAI DOMINANDO O QUARTO. SURGE A APARIÇÃO DE OSIAT.

Osiat: — Filha...

Otias: *(Off)*

— Meu Deus... por um momento, tive a impressão de ter ouvido a voz de meu pai.

Osiat: — Sou eu, minha querida. Você pode se mover agora.

OTIAS, ESPANTADA, SENTA-SE NA CAMA.

Otias: — Pai? O que aconteceu? Eu estou curada?

Osiat: — Você está livre, minha princesa. Eu vim buscá-la para levá-la a um lugar de repouso e de paz.

Otias: *(Com medo)*

— Eu estou morrendo, não é?

Osiat: — Você está renascendo, meu amor. Agora terá uma nova chance de pagar o mal que fez. Poderá conversar e rir como antes. Muito mais leve, muito mais feliz... E, depois, quando estiver pronta, voltará a esta vida para aprender a ser uma pessoa melhor do que você foi.

Otias: *(Triste)*

— Eu fui um monstro, não fui, pai? Fui uma pessoa terrível, não é?

Osiat: — Você errou muito, minha querida. Mas Deus a ama do mesmo jeito. Tudo o que ele quer é que você cresça.

Otias: — Mas será que existe perdão para mim? Eu fui traiçoeira, pai. Fui egoísta.

Osiat: — Mas você já está mudando. Pelo menos, já tem consciência de seus erros. É o primeiro passo para curar-se.

Otias: — Acho que não existe mais nenhuma chance de perdão para mim.

Osiat: — É claro que existe. Deus é todo amor. E, onde existe amor, existe o perdão.

Otias: — Eu sei que não mereço o amor de ninguém.

Osiat: — Pois acredite, eu a amo. Seu marido, apesar de todos os problemas por que vocês passaram, também lhe deu muito amor. E há mais alguém que a espera com muita alegria.

Otias: — Quem?

Osiat: — O seu filho.

Otias: — Matur? Onde ele está?

Osiat: — Nós vamos nos encontrar com ele agora.

Otias: — Ele não tem ódio de mim?

Osiat: — Ele a adora. Está esperando-a de braços abertos... Como eu.

OSIAT ABRE OS BRAÇOS. OTIAS CORRE PARA ELE E O ABRAÇA, CHORANDO.

A LUZ VAI CAINDO EM RESISTÊNCIA, ATÉ O BLACKOUT.

QUANDO ACENDE DE NOVO, OTIAS ESTÁ MORTA NA CAMA.

ENTRA JASAR E SE DIRIGE ATÉ A CAMA.

Jasar: — Otias... Otias, minha querida...

JASAR PERCEBE QUE ELA MORREU E FECHA SEUS OLHOS.

Jasar: — Que Deus tenha piedade da sua alma e a ilumine.

CENA 77

TENDA DE GUERRA.

PITAR ESTÁ CUIDANDO DOS PREPARATIVOS DA VIAGEM. ENTRA PÉCOS.

Pécos: — Com licença, senhor.

Pitar: — Ah, você é o escravo que mandaram, não é?

Pécos: — Sim, senhor.

Pitar: — Como é que se chama?

Pécos: — Morat.

Pitar: — E de onde você é?

Pécos: — Vim de muito longe, senhor. Do outro lado do Nilo.

Pitar: — Muito bem. Você vai aprontar minhas bagagens e cuidar da limpeza de minhas armas, está bem?

Pécos: — Sim, senhor. É estranho. O senhor me lembra alguém que conheci. Alguém que me era muito familiar.

Pitar: — E quem era?

Pécos: — Não posso dizer, meu senhor.

Pitar: — Por que não? É um segredo?

Pécos: — Não, senhor. Não tenho segredos para ninguém. É a vida que tem segredos para mim. Eu sofri um acidente há muitos anos e perdi toda a memória do meu passado.

Pitar: — Isso deve ser muito aflitivo.

Pécos: — Sim, senhor. É terrível. (*repara*) Que estranho!

Pitar: — O quê?

Pécos: — Este colar que o senhor está usando.

Pitar: — O que tem ele?

Pécos: — Por um momento, tive a nítida sensação de conhecê-lo. Foi como uma lembrança antiga que me passou de relance. Eu sei que é absurdo, mas... tenho certeza de ter possuído, um dia, um colar idêntico a este.

Pitar: — Minha mãe me deu de presente quando fiz dezoito anos. É uma réplica exata do que pertencia a meu pai.

Pécos: — Se me permite, quem foi seu pai, senhor?

Pitar: — Ele foi um grande guerreiro. Ganhou a joia do próprio faraó como prêmio de guerra.

Pécos: — A grã-pedra opalina...

Pitar: *(espantado)*

— Exatamente. Esse é o nome da joia! Como sabe?

Pécos: *(Também espantado)*

— Eu não sei, senhor. Simplesmente o nome veio à minha cabeça.

Pitar: — Diga-me uma coisa. Você nunca encontrou

ninguém que o conhecia antes do dia em que perdeu a memória?

Pécos: — Na verdade, encontrei uma mulher em Dresda que afirmou que me conhecia.

Pitar: — E como ela se chamava?

Pécos: — Solimar.

Pitar: *(Espantado)*

— Solimar?

Pécos: — Ela disse que meu verdadeiro nome é Pécos.

Pitar: *(Emocionado)*

— Eu nem posso acreditar! Então você é Pécos!

Pécos: — Foi o que ela disse.

Pitar: — Eu sou Pitar, filho de Pécos. Soubemos pela própria Solimar que ele, realmente, não morreu. Apenas... perdeu a memória.

Pécos: *(Espantado)*

— E você acredita que eu possa ser realmente esse guerreiro? Que eu possa ser seu pai?

Pitar: — É claro que sim. Tudo comprova isso! A história que você me contou. A joia! Eu sempre desejei conhecê-lo! Você é meu pai! Meu pai!

PITAR ABRAÇA PÉCOS.

CENA 78

SALA NO PALÁCIO DE PÉCOS.

JASAR, SOLIMAR E NALIM CONVERSAM.

Nalim: — Pelo menos podemos ter certeza de uma coisa: Otias morreu cercada de carinho e atenção.

Jasar: *(Triste)*

— É verdade. Fizemos tudo para tornar sua doença menos incômoda. Sabem, estou muito triste... Mas a verdade é que ela já sofria há tanto tempo... Acredito que, nesse caso, a morte foi uma bênção. Finalmente ela vai poder descansar.

Solimar: — Tem toda razão. E tudo que podemos fazer agora é rezar pela sua alma.

Nalim: — Nós enfrentamos tantas tristezas nesta vida, não é, meus amigos? Espero que tudo isso tenha servido para alguma coisa.

Solimar: — É claro que serviu. Nós crescemos... Aprendemos a ser mais fortes, mais justos.

Nalim: — Talvez, agora, Deus possa nos presentear com alguma alegria, não é verdade?

Solimar: — É claro que sim. Se somos bons, temos de, mais cedo ou mais tarde, ser recompensados com alguma felicidade. Com o passar de todos esses anos, nada jamais abalou esta minha certeza.

ENTRA PITAR.

Pitar: — Mãe...

NALIM CORRE A BEIJAR PITAR.

Nalim: — Pitar! Que bom vê-lo, meu querido. Pensei que já estivesse partindo para a guerra.

Pitar: — Eu fui dispensado. Não preciso mais ir.

Nalim: — Isso é maravilhoso. Mas por que, meu filho?

Pitar: *(Feliz)*
— Você nem vai acreditar, mãe. Aconteceu uma coisa extraordinária!

Nalim: — O que aconteceu?

Pitar: — Por uma grande coincidência... eu achei meu pai!

Nalim: — O quê?

Pitar: — Pécos está de volta. Tenho certeza de que é ele.

Nalim: — Quer dizer que ele veio com você? Está aqui em Tebas?

Pitar: — Não só está em Tebas como bem próximo daqui. Eu quis preparar a senhora antes de trazê-lo.

Nalim: — Por favor. Eu quero vê-lo agora, meu filho!

Pitar: — Eu vou buscá-lo num segundo. Ele está bem aqui.

PITAR SAI.

Nalim: *(A Solimar e Jasar)*

— Meu Deus! Será mesmo verdade? Eu nem posso acreditar!

ENTRAM PITAR E PÉCOS.

NALIM SE APROXIMA DE PÉCOS E O OBSERVA EM SILÊNCIO. LOGO, EMOCIONADA, FAZ UM CARINHO EM SEU ROSTO.

Nalim: — Ah, meu amor. Parece um sonho. Nem acredito que o estou vendo de novo.

Pécos: *(Emocionado)*

— Esta é minha casa, não é?

Nalim: — É claro que é, meu amor. Sempre foi a sua casa.

Pécos: *(Cada vez mais emocionado)*

— E você... É Nalim! Minha esposa querida! Eu me lembro de você! Eu me lembro de tudo, meu Deus! Tudo! Como pude, um dia, me esquecer de você, meu amor?

Nalim: — Esperei tanto para reencontrá-lo! Tanto!

PÉCOS E NALIM SE BEIJAM.

Pécos: — Jasar! Meu irmão!

Jasar: — Pécos! Graças a Deus você está de volta!

PÉCOS E JASAR SE ABRAÇAM.

Pécos: — Acho que poderia morrer de tanta felicidade!

PÉCOS ABRAÇA NALIM MAIS UMA VEZ.

Pécos: — Juro que nunca mais vou deixá-la, meu amor. Seguiremos juntos... para sempre!

PÉCOS E NALIM SE BEIJAM DE NOVO.

CENA 79

QUARTO DE OMAR.

OMAR ARRUMA SUAS COISAS RAPIDAMENTE.

Omar: (*A si*)

— Eu não acredito! Não posso acreditar que ele voltou!... Foi descoberto pelo filho, disseram!... Como é que puderam ter tanta sorte?... Agora, aposto que ele vai querer se vingar de mim! Vai me delatar para o faraó e meu destino será a forca!... Maldito! Mil vezes maldito!... Por que não o matei quando pude?.... Agora, preciso ser rápido!... Tenho de fugir antes que venham me buscar... Tenho de partir para bem longe... Mas juro que levarei meu ódio comigo!... Sempre comigo!... E não descansarei enquanto não os vir mortos! Todos mortos!...

OMAR PEGA SUA BAGAGEM E FOGE.

CENA 80

MUTAÇÃO DE CENÁRIO PARA O DESERTO.

Lucius: (*Off*)

— Transtornado pelo medo do castigo e com o coração repleto de ódio, Omar fugiu sem destino. Durante quase uma semana, vagou pelo deserto tentando encontrar a trilha para o vale do rio Nilo, de onde partiria em uma embarcação para qualquer lugar distante. Acontece que o deserto grandioso é traiçoeiro e, no raiar do sétimo dia, Omar teve a certeza de que estava perdido. A água havia acabado e o sol ardente impedia até que abrisse os olhos para prosseguir na jornada. Sua carne queimava, possuída pela febre e, logo, os abutres rondavam o seu corpo, entregue aos braços inclementes da morte.

CENA MUDA.

OMAR PERDIDO, EXAUSTO, À BEIRA DA MORTE. AINDA TENTA LUTAR E LEVANTA-SE ÀS VEZES, LOGO CAINDO AO CHÃO NOVAMENTE. FINALMENTE DESMAIA E FICA INERTE. ENTÃO, SOMBRAS NEGRAS VÃO DOMINANDO O PALCO ATÉ O *BLACKOUT*. OUVE-SE O SEU GRITO DESESPERADO NA ESCURIDÃO.

CENA 81

PALÁCIO DE PÉCOS.

SINAT E PITAR ABRAÇADOS.

Pitar: — A alegria finalmente voltou a esta casa, Sinat! Meu pai já está completamente curado e minha mãe parece até ter remoçado de tanta felicidade.

Sinat: — É verdade. Mas a maior de todas as alegrias é saber que você está aqui comigo, meu amor.

Pitar: — Você ainda quer se casar comigo?

Sinat: — É tudo o que mais quero.

Pitar: — Então me beije. E jure que nunca vai me abandonar!

Sinat: — Eu serei sua pra sempre, meu amor!

BEIJAM-SE COM PAIXÃO.

CENA 82

PALÁCIO DE PÉCOS.

JASAR E SOLIMAR ABRAÇADOS. JASAR PERCEBE UMA LÁGRIMA NOS OLHOS DE SOLIMAR.

Jasar: — Mas o que é isso? Uma lágrima? Por que está chorando?

Solimar: *(Emocionada)*

— Eu não sei.

Jasar: — As lágrimas se acabaram para nós, Solimar. Agora estamos livres e podemos, finalmente, ser felizes. Eu quero muito que você se case comigo.

Solimar: — Você ainda me ama? Depois de tanto tempo?

Jasar: — O amor que eu sinto por você é infinito, Solimar. É eterno. Já existia antes desta vida e vai continuar existindo depois.

Solimar: — Você tem razão, meu amor. Ele está gravado para sempre nos nossos corações. E jamais vai terminar.

BEIJAM-SE COM PAIXÃO.

CENA 83

PALÁCIO DE PÉCOS.

PÉCOS E NALIM ABRAÇADOS.

Pécos: — Eu não me conformo. Como pude, um dia, me esquecer de você? Você é ainda mais importante do que minha própria vida. E você me esperou! Eu mal posso acreditar!

Nalim: — Eu o esperei todos esses anos porque sabia. Sentia que você estava vivo! Aqui, no meu coração, você sempre permaneceu ao meu lado. Eu nunca o abandonaria. Nunca!

Pécos: — Você é tudo por que sempre esperei na minha vida. A mulher mais maravilhosa que já encontrei.

Nalim: — Foi você que me transformou, que me fez melhor. Eu sempre vou agradecê-lo por isso.

Pécos: — Hoje entendo por que sempre fomos iguais.

Nalim: — E eu também. É porque somos um só em nosso espírito... e nunca mais vamos nos separar.

BEIJAM-SE COM PAIXÃO.

Lucius: *(Off)*

— Foi assim que, depois de tantos anos de aprendizado e luta, esses espíritos receberam a maior graça que pode ser concedida a um ser humano: a graça do amor. Suas almas eram, agora, mais puras e o intelecto mais claro e poderoso. Agora podiam conhecer a plenitude dos planos superiores da criação, onde Deus, O Todo-Poderoso, não permite a existência de mais sofrimentos e maldades, onde a paz é completa e a felicidade, infinita. Abençoados todos aqueles que compreendem essa mensagem de luz. Porque onde quer que exista compreensão e bondade, ali é certo... **que o amor venceu!**

SOBEM TRÊS FOCOS DE LUZ, MOSTRANDO OS TRÊS CASAIS SE BEIJANDO.

A MÚSICA SOBE.

BLACKOUT.

FIM

Inspirações para sua alma

VIDA & CONSCIÊNCIA
EDITORA

O AMOR VENCEU

Zibia Gasparetto

Uma história que se passa na cidade de Tebas, no Egito antigo. Narra a dor do amor impossível entre dois casais que buscam resgatar a sua verdadeira existência. Fundamentada nas leis da reencarnação, explica os mistérios em que a humanidade se debate, há milênios, buscando elucidar os fatos da época, com base no estudo de diferentes povos e civilizações.

CATEGORIA: Romance
PÁGINAS: 434
ACABAMENTO: Brochura
ISBN: 978-85-85-872-01-4

Esmeralda

Zibia Gasparetto — adaptação teatral de Annamaria Dias

Esmeralda era orgulhosa e absoluta. O mistério maravilhoso de sua dança arrancava olés e aplausos acalorados. Sempre desejada, despertava grandes paixões. Mas não amava ninguém, nem se importava com a dor dos que por ela eram apaixonados. Um dia, porém, Esmeralda encontrou um amor, que arrastou consigo o seu destino. A vaidade tem um preço que o orgulho cigano sempre paga. E todas nós, mulheres, temos um pouco de Esmeralda.

CATEGORIA: Teatro
PÁGINAS: 184
ACABAMENTO: Brochura
ISBN: 978-85-7722-149-3

Laços eternos

Zibia Gasparetto — adaptação teatral de Annamaria Dias

Por que Nina, aos doze anos de idade, morre de tuberculose? Seu desencarne prematuro tem algo a ver com sua vida passada? Uma história de amor, ciúme e redenção, que narra a saga entre duas vidas, revelando-nos as belezas da reencarnação e mostrando que o amor é a força motriz que se funde no Todo, facilitando-nos a conquista da paz e criando laços indestrutíveis pela eternidade.

CATEGORIA: Teatro
PÁGINAS: 136
ACABAMENTO: Brochura
ISBN: 978-85-7722-145-5

NINGUÉM É DE NINGUÉM

Zibia Gasparetto — adaptação teatral de Sergio Lelys

Se refletirmos, perceberemos que sofremos mais com as pessoas que amamos do que com aquelas que nos odeiam. O que você chama de amor não será apenas paixão? Você se inferioriza por não conseguir atingir os seus vaidosos ideais e sempre escolhe alguém para fazê-lo sentir-se melhor. Esta história o fará refletir sobre o falso e o verdadeiro amor, e perceber que a vida afetiva é um constante exercício de autodomínio. No final, descobrimos que só possuímos a nós mesmos, pois ninguém é de ninguém.

CATEGORIA: Teatro
PÁGINAS: 96
ACABAMENTO: Brochura
ISBN: 978-85-7722-144-8

O ADVOGADO DE DEUS

Zibia Gasparetto — adaptação teatral de Alberto Centurião

Ninguém nega a beleza das leis humanas, que tentam estabelecer os direitos de cada um e protegem a sociedade, a fim de que a justiça seja feita. Quando é preciso, fica difícil encontrar uma pessoa de confiança. A história de Daniel mostra que ainda se pode confiar em alguém que respeita a ética, busca a verdade e promove a justiça. Pessoas assim são chamadas de anjos do bem na Terra e, no astral, "advogados de Deus".

CATEGORIA: Teatro
PÁGINAS: 128
ACABAMENTO: Brochura
ISBN: 978-85-7722-148-6

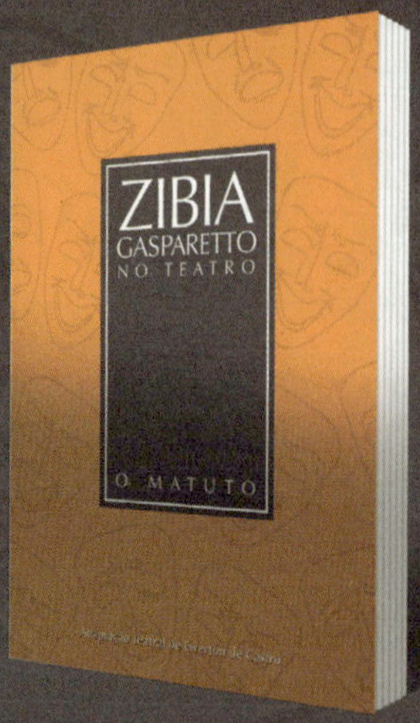

O MATUTO

Zibia Gasparetto — adaptação teatral de Ewerton de Castro

Um matuto que não sabia ler nem escrever. Herdeiro de uma enorme fortuna, parecia presa fácil para um advogado que tentava ludibriá-lo e para o tio que, julgando-o morto, pretendia ficar com a herança. Os fatos, porém, surpreenderam a todos. Esta leitura nos faz meditar e compreender mais as lutas da vida, encorajando-nos a manter a confiança na grande bondade e inteligência de Deus.

CATEGORIA: Teatro
PÁGINAS: 208
ACABAMENTO: Brochura
ISBN: 978-85-7722-147-9

Este livro foi impresso em offset 75 g/m² pela Gráfica Vida & Consciência.
São Paulo, Brasil, inverno de 2011.